Salate

Steven Wheeler

Salate

Über 200 raffinierte Rezeptideen

BECHTERMÜNZ

Originaltitel: Best-Ever Salads
Originalverlag: Anness Publishing Ltd, U.K.

Deutsche Erstausgabe

Gestaltung: Bill Mason
Illustrationen: Anna Koska

Aus dem Englischen übertragen von Brigitte Rüßmann
und Wolfgang Beuchelt, Scriptorium Köln

Produktion der deutschen Ausgabe: Thomas Heider,
Bergisch Gladbach
Umschlaggestaltung: + Malsy, Kommunikation
und Gestaltung, Bremen
Umschlagmotiv: Hoffmann & Reichelt, Delmenhorst

Gesamtherstellung: Offizin Andersen Nexö, Leipzig
Printed in Germany

ISBN 3-8289-1071-8

HINWEIS

Alle Mengenangaben in diesem Buch sind in Gramm, Milliliter sowie in gestrichenen Esslöffeln oder Teelöffeln aufgeführt. Dabei gilt:

1 Teelöffel (TL) = 5 ml, 1 Esslöffel (EL) = 15 ml

Falls nicht anders angegeben, sollten mittelgroße Eier (50 g, Gewichtsklasse 5 bzw. M) verwendet werden.

Inhalt

Einleitung
8

Leichte Salate und Beilagen
28

Warm zubereitete Salate
74

Salat als Hauptgericht
124

Salate für besondere Anlässe
184

Fruchtsalate
220

Register
254

EINLEITUNG

Einleitung

Wer kann einem appetitlich angemachten Salat mit seinen frischen Aromen, Texturen und Farben widerstehen? – Dieses Buch präsentiert eine Vielfalt an Salatvariationen und gibt einen Einblick in das Geheimnis eines wirklich gelungenen Salats.

Auf der Suche nach Inspirationen sollten Sie sich von den Jahreszeiten leiten lassen. Die besten Salate nehmen ihren Anfang mit ein bis zwei Zutaten, die Ihnen vielleicht beim Einkaufen auffallen. Wenn Sie zum Beispiel eine schöne saftige Birne finden, kombinieren Sie sie doch mit einer Hand voll gerösteter Pekannüsse, ein paar jungen Spinatblättern und einem Blauschimmelkäse-Dressing. Vielleicht steht Ihnen auch der Sinn nach frisch gekochten Krabben. Dann sollten Sie die kräftigen Aromen von Avocado, Korianderblättern und Limette in Betracht ziehen. Auch neue Kartoffeln und junge Salatblätter können zu einem bemerkenswerten Salat kombiniert werden.

Die meisten Salate passen am besten in die Sommerzeit und profitieren dann von einem Füllhorn an Frische und Farben. Sommersalate eignen sich gut für ein Essen unter freiem Himmel. Im Herbst und Winter ziehen wir uns dagegen lieber ins warme Haus zurück und genießen die wärmenden Aromen von Wildpilzen, Entenbrust und Hühnerleber. Die herzhaften Noten dieser Zutaten harmonieren gut mit den kräftigen Blättern von Eichblattsalat, Endivien und Chicorée. Das Frühjahr beschenkt uns mit jungen Gemüsen und zarten Salaten: Mais, Spinat und Rauke. Diese leichten Aromen passen am besten zu gegrilltem Fisch, Eiern, Schinken und Hühnerfleisch. Tatsächlich ist Schlichtheit der Schlüssel zu einem gelungenen Salat: Werden zwei oder mehr Zutaten kombiniert, sollten sich die einzelnen Geschmacksnoten zwar harmonisch ergänzen, aber immer noch zu unterscheiden sein.

Ob Sie nun einen Snack oder ein reichhaltige Mahlzeit, eine Beilage oder ein Festmahl zubereiten wollen: Dieses Buch bietet Ihnen Salatideen für jede Gelegenheit. Hier finden sich Salate aus einer riesigen Auswahl aus Gemüsen, Pasta, Reis, Fisch, Fleisch, Geflügel und Obst, die einem das Wasser im Munde zusammenlaufen lassen.

Wir wünschen guten Appetit und viel Freude mit gesunden Salaten!

Salatgemüse

Als Salatgemüse bezeichnet man jede Art von Gemüse, das sich dank seiner Frische und Geschmacks als Salatzutat eignet. Die Gemüse können roh oder leicht gekocht sein. Hier eine Auswahl der am häufigsten verwendeten Salatgemüse.

Avocado
Das Fleisch der reifen Frucht ist cremig und weich. Am ehesten kennt man hier die Guacamole. Avocados können alleine oder als Vorspeise mit einer leichten Vinaigrette, etwas Zitronenmajonäse oder einem Spritzer Zitronensaft und Salz serviert werden.

Babymais
Die winzigen Kolben können ganz, gekocht oder roh verarbeitet und warm oder bei Zimmertemperatur serviert werden.

Fenchel
Diese Knollenvarietät hat einen starken Anisgeschmack und sieht aus wie eine zusammengestauchte Selleriestaude. Um das recht dominante Aroma etwas abzumildern, kann man den Fenchel etwa 6 Minuten in kochendem Wasser blanchieren.

Grüne Bohnen
Die zahllosen Varietäten eignen sich allesamt für die Salatküche. Um das süße Aroma junger, zarter Bohnen hervorzuheben, werden sie 6 Minuten gekocht und dann unter fließend kaltem Wasser abgeschreckt, um Biss und Farbe zu erhalten. Grüne Bohnen sind eine Grundzutat im Salat Niçoise, eignen sich hervorragend als Rohkostgemüse und passen sehr gut zu einer pikanten Tomatensauce.

Frühlingszwiebeln
Sie haben ein milderes Aroma als die gewöhnliche Zwiebel und verleihen vielen beliebten Salaten sanften Biss.

Karotten
Karotten sollten jung, schlank und süß sein. Gekocht oder roh verleihen sie dem Salat Aroma und Farbe.

Kartoffeln
Sie sind einwichtiger Lieferant für Kohlenhydrate. Kartoffeln verleihen einem Salat Volumen und können darin auch Hauptzutat sein.

Knoblauch
Wegen seines hervorstechenden Geschmacks sollte Knoblauch zurückhaltend eingesetzt werden, da er leicht andere Aromen überdeckt. So kann man zum Würzen die Salatschüssel einfach mit einer aufgeschnittenen Knoblauchzehe einreiben. Eine andere Möglichkeit der Abmilderung besteht darin, einige Knoblauchzehen in Olivenöl einzulegen und das Öl sparsam zur Zubereitung von Dressings zu verwenden.

Pilze
Pilze verleihen allen Salaten eine warme Geschmacksnote und werden darin roh oder gekocht verarbeitet. Austernpilze kommen wild wachsend und in Zuchtform vor. Champignons sind eine beliebte Salatzutat und werden häufig roh in dünnen Scheiben verwendet. Creme-Champignons ähneln der weißen Varietät, haben aber etwas mehr Geschmack.

Salatgurken
Eine häufig verwendete Salatzutat, die sich oft auch dort findet, wo man sie nicht erwartet. Gurken eignen sich am besten für kräftig rustikale Salate.

Staudensellerie
Der Sellerie mit seinem kräftigen, erdigen Geschmack wird das ganze Jahr über angebaut. Die knackigen Stängel sollten weder faserig noch zäh sein. Sellerie passt gut zu gekochtem Schinken, Äpfeln und Walnüssen in einem Waldorf-Salat und eignet sich auch als Rohkost.

Tomaten
Tomaten werden ihres Aromas und ihrer Farbe wegen hoch geschätzt. Zwergsorten reifen meist schneller als die großen Varietäten und haben einen volleren Geschmack.

Zucchini
Zucchini können leicht bitter schmecken und werden meist gekocht, bevor man sie mit anderen jungen Gemüsen kombiniert. Sie passen gut zu Tomaten, Auberginen, Paprika und Zwiebeln. Für Rohkostsalate verwendet man junge rohe Zucchini wegen ihres süßeren Geschmacks.

Zwiebeln
Mehrere Zwiebelsorten sind für die Salatzubereitung geeignet. Die kräftigste ist die kleine braune Zwiebel, die fein gehackt und sparsam eingesetzt werden sollte. Weniger prominent ist die große, weiße Lauchzwiebel, die ein süßeres und milderes Aroma besitzt und in grob gewürfelter Form verwendet werden kann.

Salatobst

Eine gut gefüllte Obstschale birgt unzählige Variationsmöglichkeiten für süße und für herzhafte Salate.

Äpfel
Diese vielseitige Frucht verleiht süßen und herzhaften Salaten ein einzigartiges Aroma.

Ananas
Eine reife Ananas fühlt sich beim Drücken fest an und duftet süß.

Aprikosen
Aprikosen werden roh, getrocknet oder gedämpft verarbeitet.

Bananen
Bananen geben Obstsalaten eine besondere Fülle, wobei ihr Geschmack aber auch feinere Aromen überdecken kann.

Birnen
Birnen passen gut zu herzhaften Salaten sowie zu Blauschimmelkäse und gerösteten Pekannüssen.

Blaubeeren
Diese festen Beeren passen gut zur Säure frischer Orangen.

Brombeeren
Die nur kurz verfügbaren wilden Brombeeren haben mehr Aroma als die kultivierten Sorten.

Cranberries (Moosbeeren)
Für den Rohverzehr sind sie zu sauer, aber zum Kochen geeignet.

Datteln
Frische Datteln sind süß und saftig, getrocknete haben einen stärkeren Geschmack.

Erdbeeren
Ein beliebtes Sommerobst, vor allem in Kombination mit Sahne.

Feigen
Frucht mit grüner oder violetter Haut und rosarotem Fleisch. Man kann sie ungeschält essen.

Grapefruit
Die Grapefruit kann gelbes, grünliches oder roséfarbenes Fleisch haben; die rosa (Pink) und roten Sorten sind die süßesten.

Himbeeren
Sehr beliebte, weiche Früchte, die gut zu reifer Mango, Passionsfrucht und Erdbeeren passen.

Kirschen
Kirschen sollten fest und glänzend sein.

Kiwi
Das ganze Jahr über erhältlich.

Kumquats
Kleine Verwandte der Orangen, die roh oder gekocht verzehrt werden können.

Litschis
Kleine Frucht mit ledriger rosaroter Haut und süßem Fleisch.

Mangos
Tropische Frucht mit orangegoldenem Fleisch, das gut in süßen und herzhaften Salaten schmeckt.

Melonen
Melonen sind im Sommer reichhaltig vorhanden. Am besten eiskalt servieren.

Nektarinen
Eine Verwandte des Pfirsichs mit glatterer Haut.

Orangen
Orangen schmecken am besten im Winter.

Papayas
Diese tropischen Früchte haben ein süßes Aroma. Die reifen Früchte sind gelbgrün.

Pfirsiche
Weiße Pfirsiche haben den süßesten, gelbe Pfirsiche den aromatischsten Geschmack.

Pflaumen
Es gibt zahllose Dessert- und Kochsorten.

Physalis (Kapstachelbeere)
Kleine, duftende, angenehm säuerliche, orangegoldene Beeren mit einem papierartigen Blütenkelch.

Rhabarber
Botanisch gesehen ist Rhabarber ein Gemüse, aber eigentlich zu sauer, um roh gegessen werden zu können.

Stachelbeeren
Vollreife Stachelbeeren können roh gegessen werden, aber die frühen Sorten, die gekocht werden müssen, sind leichter erhältlich.

Sternfrucht (Karambole)
In Scheiben geschnitten hervorragend zum Garnieren geeignet.

Trauben
Am beliebtesten und daher teuersten sind die großen Muskatellertrauben, die vom Spätsommer bis zum Herbst reifen.

Zitronen und Limetten
Unverzichtbare aromatische Zitrusfrüchte; sie verhindern, dass anderes Obst in Salaten braun wird.

Blattsalate

Eine Besonderheit der Blattsalate ist der Umstand, dass man sie nur frisch kaufen kann.

Blattsalate werden schon seit Tausenden von Jahren kultiviert. Zu Zeiten der Ägypter waren sie dem Fruchtbarkeitsgott Min geweiht. Man hielt sie für ein starkes Aphrodisiakum, während die Griechen und Römer eher glaubten, dass sie müde und apathisch machen. Heutige Lebensmittelchemiker bestätigen, dass sie eine dem Opium ähnliche Substanz enthalten, und in der Kräuterheilkunde empfiehlt man Blattsalate gegen Schlaflosigkeit.

Es gibt hunderte verschiedener Sorten von Blattsalaten. Die Auswahl in den Geschäften ist heute derart umfangreich, dass man allein mit Salatblättern eine größere Vielfalt an Farben, Aromen und Texturen erzielen kann als mit jeder anderen Zutat.

Kopfsalat

Der klassische Salatkopf mit blassem Herzen und locker stehenden Blättern. Frischer Kopfsalat hat ein angenehmes Aroma. Zum Prüfen des Salatherzens hebt man den Salatkopf am Strunk an und drückt leicht, um zu prüfen, ob die Mitte fest ist.

Lollo Rosso

Lollo Rosso und Lollo Biondo (der ersterem in der Form gleicht, aber blasser grün ist und keine violetten Blattränder aufweist) zählen zu den Salaten ohne Herz. Sie haben zwar nicht viel Aroma, sehen aber gut aus und werden oft als Blätterbett für anderen Salat verwendet.

Romanasalat

Auch der Romanasalat war schon in der Antike bekannt. Man findet ihn auch unter den Bezeichnungen »Gartenlattich« oder »Römischer Salat«. Kenner halten ihn für den delikatesten Salat. Er ist die erste Wahl für den Cäsar-Salat (siehe S. 36).

Eskarol

Was Geschmack und Textur betrifft, zählt der Eskarol zu den robusteren Blattsalaten. Wie die krausblättrige Endivie hat auch der Eskarol ein bitteres Aroma. Zusammen mit anderen Blattsalaten und einem gut abgestimmtem Dressing verleiht Eskarol dem Salat angenehmen »Biss«.

Eichblattsalat

Wie Lollo Rosso und Lollo Biondo zählt der Eichblattsalat zu den herzlosen Salaten mit losen Blättern. Seine sehr dekorativen Blätter haben einen hoch feinen Geschmack und bilden eine attraktive Zutat für jeden Salat.

Little Gem

Sehen aus wie eine Kreuzung zwischen Romana- und einem eng gepackten Kopfsalat. Sie haben feste Herzen. Dank der festen Mitte können sie als Ganzes durchgeschnitten und die Viertel als Bett für Räucherfischfilets oder Sardinen als Vorspeise verwendet werden.

Chinakohl

Kohl mit blassgrünen, gekräuselten Blättern mit langen, breiten, weißen Rippen. Seine an eine dicke Selleriestaude erinnernde Form verhilft ihm zu einem weiteren Namen, »Selleriekohl«. Er ist knackig, das ganze Jahr über verfügbar und eignet sich als Zutat für Wintersalate.

Radicchio

Bitterer Geschmack. Diese Sorte wurde aus wildem Chicorée entwickelt. Sie hat dunkel weinrote Blätter und cremeweiße Blattrippen und verdankt ihren dichten Blattstand dem Schutz vor Sonnenlicht. Wird Radicchio im Dunkeln gezogen, sind die Blätter marmoriert roséfarben.

Feldsalat

Feld- oder »Rapunzelsalat« ist ein beliebtes Wintergemüse, das eigentlich nicht zu den Blattsalaten zählt, sich aber gut für die Salatzubereitung eignet. Feldsalat hat hübsche dunkelgrüne Blättxhen und wächst in kleinen Büscheln. Der Geschmack ist mild und nussig.

Brunnenkresse

Sie hat unter den Salatpflanzen den herzhaftesten Geschmack, so dass eine Hand voll Blätter genügt, um einen ansonsten recht faden Kopfsalat aufzupeppen. Brunnenkresse hat ein herbes, pfeffriges und leicht stechendes Aroma, das sie zu einer beliebten Garnierung macht.

Rauke

Rauke schmeckt wunderbar pfeffrig und passt gut zu gemischtem grünem Salat. Die Griechen und Römer verwendeten sie als Aphrodisiakum. Dank des kräftigen Aromas benötigt man nur geringe Mengen: einige Blätter verleihen etwa einem Sandwich den richtigen Pepp.

Kräuter

Seitdem Salate aus frischen Zutaten bereitet werden, spielen auch schon Kräuter eine bedeutende Rolle als Garanten für besonderen Geschmack. Wenn Kräuter in einem Salat verarbeitet werden, sollten sie immer frisch sein. Getrocknete Kräuter sind kein Ersatz für frische und sollten gekochten Gerichten wie Eintöpfen vorbehalten bleiben. Salatkräuter zeichnen sich durch ihre Fähigkeit aus, Aroma auch ohne langwieriges Kochen liefern zu können.

Die meisten Salatkräuter gibt man fein gehackt in Salatdressings und Marinaden, während die herzhaften Aromen von Rosmarin, Thymian und Fenchelzweigen auf dem Holzkohlegrill einen rauchigen Kräutergeschmack liefern können. Im Idealfall sollten Kräuter erst unmittelbar vor der Verwendung gepflückt werden, aber man kann sie auch in Wasser stellen. Petersilie, Minze und Koriander halten sich so bis zu eine Woche, wenn sie zusätzlich mit einem Gefrierbeutel überzogen in den Kühlschrank gestellt werden.

Im Uhrzeigersinn von links oben: Thymian, Koriander, Petersilie, Schnittlauch, Lavendel, Rose, Minze und Basilikum.

Basilikum

Dank seines frischen, kräftigen Aromas findet Basilikum in der mediterranen Küche, insbesondere in italienischen Salaten, Verwendung. Basilikumblätter sind empfindlich und sollten vorsichtig abgezupft oder mit der Schere geschnitten werden.

Koriander

Die gehackten Blätter dieses kräftigen Krauts finden sich vor allem in Salaten aus dem Mittleren Osten und Asien wieder.

Lavendel

Dieses Kraut mit seinem beruhigenden Duft ist essbar und kann sowohl in süßen als auch in herzhaften Salaten verwendet werden, da es sich gut mit Thymian, Knoblauch, Honig und Orangen kombinieren lässt.

Minze

Dieses beliebte Kraut findet sich oft in Salaten wie Zatziki und Taboulé. Sie ist auch eine beliebte Würze in Obstsalaten. Die am häufigsten zu findende Sorte ist die Grüne Minze; weitere Sorten sind die Krauseminze und die rundblättrige Apfelminze.

Petersilie

Die krause und die glatte Petersilie werden wegen ihres frischen Aromas verwendet. Dabei soll die glatte Petersilie das kräftigere Aroma aufweisen. Frisch gehackte Petersilie wird in Salaten und Dressings verarbeitet.

Rosenblätter

Die süß duftende Rose kann durchaus zum Würzen frischer Obstsalate dienen. Sie passt gut zu Brombeeren und Himbeeren.

Schnittlauch

Er zählt zur Familie der Zwiebelgewächse und hat ein mildes Aroma. Die schlanken, grünen Stängel und die zart malvenfarbenen Blüten sind essbar. Schnittlauch ist unverzichtbar im Kartoffelsalat.

Thymian

Dieses Kraut ist mit seinem vollen, erdigen Aroma eine Bereicherung für jeden Salat.

Gewürze

Unter Gewürzen versteht man die aromatischen Bestandteile der Samen, Rinden, Früchte und manchmal Blüten bestimmter Pflanzen und Bäume. Gewürze werden wegen ihrer warmen, unvergleichlichen Aromen hoch geschätzt. Der Geschmack eines Gewürzes findet sich in den ätherischen Ölen von Korn, Rinde oder Frucht, weshalb sie, wie Kräuter, möglichst frisch verarbeitet werden sollten. Ganze Gewürze halten sich länger als gemahlene, die ihre Frische innerhalb von 3 bis 4 Monaten verlieren.

Nicht alle Gewürze eignen sich für die Salatzubereitung. Bei den Rezepten in diesem Buch kommen Currygewürze nur spärlich zur Anwendung, da sie die feinen Salataromen zerstören können.

Einige würzige Salatzutaten (im Uhrzeigersinn von links oben): Selleriesalz, Kümmelkörner, Safranfäden, Pfefferkörner und Cayennepfeffer.

Cayennepfeffer

Dieses auch als »Chilipulver« bekannte Gewürz besteht aus getrockneten und fein gemahlenen Chilischoten. Es ist eine wichtige Würze in der südamerikanischen Küche und wird gerne zum Würzen von Fisch und Meeresfrüchten verwendet. Cayennepfeffer kann zum Abmildern mit Paprikapulver vermischt werden.

Currypaste

Fertige Currypaste besteht aus einer Mischung indischer Gewürze in Öl. Sie kann zu Dressings gegeben werden und hebt darin besonders gut die süßen Noten von Fisch und Schalentieren heraus.

Kreuzkümmelkörner

Kreuzkümmel ist gemahlen oder in kleinen schlanken Körnern erhältlich. Er passt gut zu Korianderkörnern.

Kümmelkörner

Diese herzhaft süßen Körner finden oft in der deutschen und österreichischen Küche Verwendung und sind ein wichtiger Bestandteil vieler jüdischer Gerichte. Die kleinen gerippten Körner ähneln in Aroma und Aussehen dem Kreuzkümmel. Ihr Aroma kombiniert sich gut mit deutschem Senf im Dressing für einen Frankfurter Salat.

Paprika

Dieses Gewürz wird aus einer milden Paprikaschote gewonnen und verleiht milden Geschmack und Farbe.

Pfeffer

Das beliebteste Gewürz der westlichen Welt. Die Pfefferkörner können weiß, schwarz, grün oder rot sein und sollten immer frisch gemahlen werden.

Safran

Das teuerste Gewürz der Welt wird aus dem Blütenstempeln des Krokus gewonnen, hat einen tabakähnlichen vollen Duft und verleiht Flüssigkeiten beim Kochen eine süß gelbliche Note. Safran kann in cremigen Dressings verwendet werden und bringt den vollen Geschmack von Fisch und Meeresfrüchten zur Geltung. Es sind viele pulverisierte Imitationen im Handel.

Selleriesalz

Eine Mischung aus gemahlenen Selleriesamen und Salz, die zum Würzen von Gemüsen, insbesondere von Karotten, dient.

Öle, Essige und Würzbeigaben

ÖLE

Öl ist die Hauptzutat für die meisten Dressings und rundet Salate ab. Neutrale Öle wie Sonnenblumen-, Färberdistel- und Erdnussöl sind ideale Träger für aromatischere Öle. Sesam-, Walnuss- und Haselnussöle sind die kräftigsten und sollten nur sparsam verwendet werden. Olivenöl erlebt wegen seines unnachahmlichen Geschmacks zur Zeit einen wahren Boom. Die wichtigsten Olivenölproduzenten sind Italien, Frankreich, Spanien und Griechenland. Hier, wie auch in anderen Ländern, werden zwei Hauptsorten von Olivenöl produziert: das »Jungfernöl« (»Natives Olivenöl extra«, »Extra Vergine«) aus der ersten Kaltpressung und das »Native Olivenöl« (»Vergine«) von guter Durchschnittsqualität.

Olivenöle

Französische Olivenöle haben einen feinen Geschmack und verleihen Dressings eine ausgewogene Leichtigkeit.

Griechisches Olivenöl schmeckt kräftig. Es ist oftmals grün, recht dickflüssig und für die Majonäsenherstellung ungeeignet.

Italienische Olivenöle sind für ihren ausgeprägten mediterranen Charakter bekannt. Öle aus der Toskana haben ein würziges Aroma. Öle aus Sizilien sind meist etwas dünnflüssiger, aber häufig kräftiger im Geschmack.

Spanische Olivenöle sind meist recht fruchtig – mit nussiger Note und leicht bitter.

Nussöle

Hasel- und Walnussöle werden wegen ihres kräftigen Geschmacks geschätzt. Man mischt sie für Dressings mit neutralem Öl.

Kernöle

Erdnuss- und Sonnenblumenöl werden wegen ihres neutralen, klaren Geschmacks geschätzt.

Hintere Reihe, von links: Italienisches natives Olivenöl, spanisches Olivenöl, italienisches Olivenöl, Färberdistelöl, Haselnussöl, Walnussöl, Erdnussöl, französisches Olivenöl, italienisches Olivenöl, Weißweinessig. Vorne, von links: Zitrone, Oliven, Limetten, Kapern und Senf.

WÜRZBEIGABEN

Kapern

Dabei handelt es sich um die eingelegten Blütenknospen des in Südeuropa heimischen Kapernstrauchs. Ihr starker, prominenter Geschmack empfiehlt sie für kräftige Salate.

Zitronen- und Limettensaft

Der Saft von Zitronen und Limetten soll öligen Dressings reine Säure verleihen; zurückhaltend verwenden.

Senf

Senf hat die Fähigkeit, den Geschmack anderer Zutaten zu betonen. Er wirkt in Dressings als Emulgator und ermöglicht eine homogene Mischung von Öl und Essig. Die beliebtesten Senfsorten für Salate stammen aus Frankreich, Deutschland und England.

Oliven

Schwarze und grüne Oliven dürfen in keinem mediterranen Salat fehlen. Schwarze Oliven sind in der Regel süßer als grüne.

ESSIGE

Weißweinessig

Sollte zurückhaltend als Gegengewicht zu Öl verwendet werden. Ein guter Weißweinessig ist vielseitig einsetzbar.

Balsamessig (Balsamico)

Balsamessig ist süßer als andere Essige und es genügen schon wenige Tropfen, um einen Salat oder ein Dressing zu veredeln. Er reift jahrelang in Eichenfässern und ist recht teuer.

Öle und Essige aromatisieren

Kräuteröle und -essige lassen sich leicht selbst herstellen: Füllen Sie das Öl oder den Essig in ein ausgekochtes Glasgefäß und geben Sie die Würze hinein. Lassen Sie sie zwei Wochen ziehen, gießen Sie den Inhalt durch ein Sieb und füllen Sie die Flüssigkeit in saubere Flaschen ab. Beschriften Sie die Flaschen mit dem Datum.

ESTRAGONESSIG

Estragon in Apfelessig einlegen, zwei Wochen ziehen lassen, dann abgießen. Drei lange Estragonzweige mit in die Flasche geben.

ROSMARINESSIG

Einen frischen Rosmarinzweig in Rotweinessig einlegen, zwei Wochen ziehen lassen, dann abgießen. In eine saubere Flasche füllen und einige lange Rosmarinzweige zur Dekoration hinzugeben.

ZITRONEN-LIMETTEN-ESSIG

Zitronen- und Limettenzesten in Weißweinessig einlegen, zwei Wochen ziehen lassen; abgießen. In eine Flasche füllen und frische Schalenstreifen (unbehandelt) zugeben.

HIMBEERESSIG

Essig mit 1 EL Einlegegewürze (Pfefferkörner, Dillgrün, Lorbeerblatt) in einen Topf geben und etwa 5 Minuten sanft erhitzen. Die heiße Mischung in einer Schüssel über die Himbeeren gießen und zwei Zweige Zitronenthymian hinzugeben. Abdecken und zwei Tage an einem kühlen, dunklen Ort ziehen lassen. Den gewürzten Essig durch ein Sieb in eine saubere Flasche füllen und verschließen.

DILL-ZITRONEN-ÖL

Eine Hand voll frischen Dill und einen großen Streifen Zitronenschale in nativem Olivenöl einlegen, dann abgießen. Für Fisch- und Meeresfruchtsalate verwenden.

KRÄUTERÖL

Rosmarin, Thymian und Majoran in nativem Olivenöl einlegen, zwei Wochen ziehen lassen. Abgießen.

BASILIKUM-CHILI-ÖL

Basilikum und drei Chilischoten in nativem Olivenöl einlegen und zwei Wochen ziehen lassen; abgießen. Ideal für Tomaten-Mozzarella-Salate (Caprese).

ACHTUNG!

Es gibt Hinweise darauf, dass sich in Ölen mit frischen Kräutern und Gewürzen Schimmel bilden kann, insbesondere, wenn die Kräuter nicht vollständig mit Öl bedeckt sind. Es empfiehlt sich daher, Kräuter und Gewürze zu entfernen, sobald sie ihr Aroma abgegeben haben.

Links: Köstliche Kräuteressige bieten sich auch als Geschenk an. Von links: Estragonessig, Rosmarinessig, Himbeer und Zitronen-Limetten-Essig.

Gemüse vorbereiten

KOHL SCHNEIDEN

Weißkohl findet neben dem Krautsalat in vielen Salatrezepten Verwendung. Diese Methode eignet sich auch für grüne und rote Kohlsorten.

1 Den Kohl mit einem großen Messer vierteln.

2 Den harten Kern aus den Vierteln entfernen; er ist roh ungenießbar.

3 Die Viertel in Scheiben schneiden, um dünne Streifen zu erhalten. Die Streifen halten sich im Kühlschrank einige Stunden frisch. Kurz vor dem Servieren anmachen.

ZWIEBELN WÜRFELN

Gewürfelte Zwiebeln finden sich in vielen Salatrezepten; ob fein oder grob gewürfelt, die Methode ist immer die gleiche, nur die Abstände zwischen den Schnitten variieren.

1 Den Strunk abschneiden und die Zwiebel längs halbieren. Die Haut abziehen und die Zwiebelhälfte mit der Schnittseite nach unten auf ein Brett legen. Mehrere parallele Längsschnitte führen, ohne dabei das Wurzelende durchzuschneiden.

2 Vom Strunkende her zwei oder drei horizontale Schnitte führen, ohne die Zwiebeln dabei ganz durchzuschneiden.

3 Die Zwiebel auf die Seite drehen und vom Strunkende her zum Wurzelende hin durchschneiden. Die Zwiebel wird jetzt in kleine Würfel zerfallen. Für größere Würfel die Schnitte weiter auseinander setzen.

KNOBLAUCH VORBEREITEN

Hier eine gute Methode, auch ohne Knoblauchpresse.

1 Zehe aus der Zwiebel lösen, die flache Seite eines großen Messers auf die Spitze legen und mit der Faust darauf schlagen. Die papierartige Haut entfernen und die Zehe fein würfeln.

2 Etwas Salz über die Zehe streuen und mit der Flachseite eines großen Messers in den Knoblauch einarbeiten, bis die Zehe weich wird und Saft abgibt. Knoblauchpüree nach Rezept verarbeiten.

CHILIS VORBEREITEN

Chilischoten haben ein einzigartiges Aroma, aber man sollte die feurig scharfen Kerne entfernen.

1 Immer Handschuhe tragen, da Chilis die Haut reizen. Nicht mit den Händen an die Augen kommen. Die Schote längs halbieren und die Kerne entfernen.

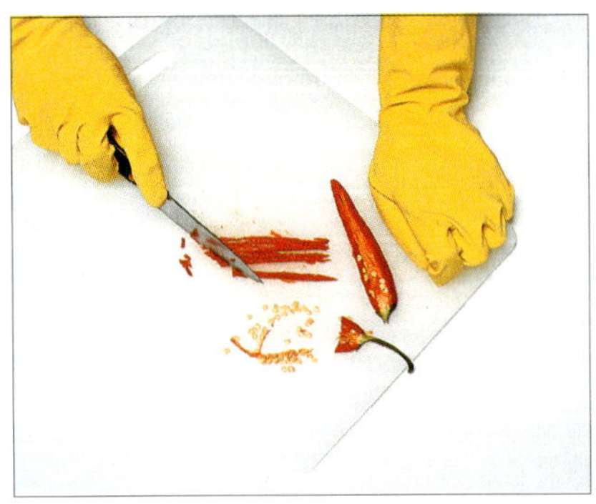

2 In Streifen schneiden, fein hacken und je nach Rezept verwenden. Messer und Brett gründlich mit heißem Seifenwasser abwaschen. Nach der Arbeit mit Chilis immer gründlich die Hände waschen.

TOMATEN HÄUTEN

Es lohnt sich, Tomaten zu schälen, bevor man sie in Saucen und Pürees verarbeitet. So vermeidet man zähe, eingerollte Hautstücke, die auch durch Kochen nicht weich werden.

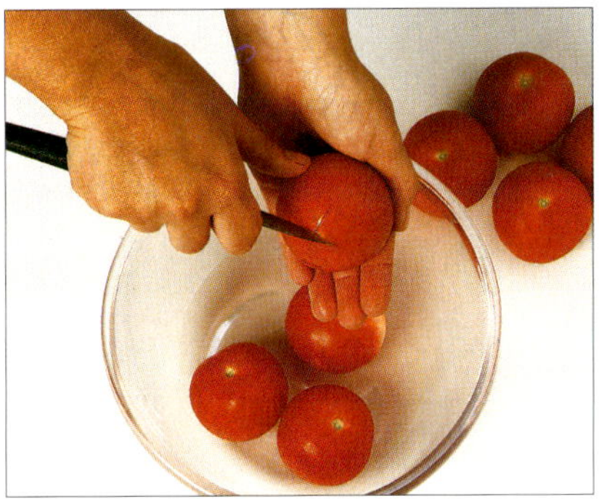

1 Jede Tomate mit einem scharfen Messer kreuzförmig einschneiden und in eine Schüssel geben.

2 Mit kochendem Wasser bedecken und 30 Sekunden stehen lassen. Die Haut sollte sich jetzt aufrollen. Noch nicht ganz reife Tomaten brauchen etwas länger.

3 Tomaten abgießen, die Haut mit einem scharfen Messer abziehen. Tomaten nicht zu lange im heißen Wasser stehen lassen.

KRÄUTER HACKEN

Kräuter kurz vor Gebrauch hacken.

1 Blätter abzupfen; auf ein sauberes, trockenes Brett geben. Ein scharfes Kochmesser verwenden.

2 Messerspitze auf dem Brett halten; die Klinge am Griff auf und ab bewegen, um die Kräuter grob oder fein zu hacken.

JULIENNES SCHNEIDEN

Dünne Gemüsestreifen bilden eine attraktive Zutat und Garnierung. Diese Technik eignet sich für Karotten, Gurken und Selleriestangen.

1 Gemüse schälen, mit einem großen Messer in 5 cm lange Stücke schneiden. Einen dünnen Streifen von der Seite des ersten Stücks abschneiden, so dass es flach auf dem Brett aufliegt.

2 Jedes Stück längs in dünne Scheiben schneiden. Die Scheiben stapeln und in dünne Streifen schneiden.

FRÜHLINGSZWIEBELN VORBEREITEN

Sie sind etwas schwierig zuzubereiten, aber der Geschmack ist den Aufwand wert.

1 Wurzel der Zwiebel mit einem scharfen Messer abtrennen. Beschädigte oder zähe Blätter abziehen.

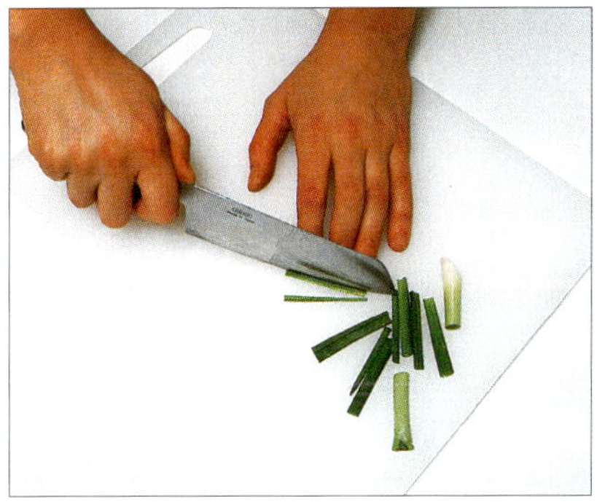

2 Für ein gutes Aroma und eine schöne Farbe den dunkelgrünen Teil in dünne Stifte schneiden.

3 Für einen milderen Geschmack nur den weißen Teil der Frühlingszwiebel ohne den Wurzelstrunk diagonal in dünne Streifen schneiden.

Früchte vorbereiten

ZITRUSFRÜCHTE

1 Zum Schälen eine Scheibe vom oberen und unteren Ende abtrennen. Frucht auf ein Brett setzen.

2 Die Schale mit dem bitteren weißen Mark von oben nach unten in dicken Streifen abschneiden. Dabei der Krümmung der Frucht folgen.

1 Um nur die dünne farbige Haut ohne das Mark zu erhalten, mit einem Sparschäler breite Streifen abschälen. Die Streifen ganz verwenden oder mit einem scharfen Messer in dünne Fäden schneiden.

2 Alternativ kann man die Frucht auch über die feine Seite einer Küchenreibe reiben, wobei man darauf achten muss, das Mark nicht abzureiben. Man kann auch einen so genannten Zestenreißer verwenden, um feine Fäden abzuziehen.

1 Scheiben mit einem Messer mit Sägezähnen schneiden.

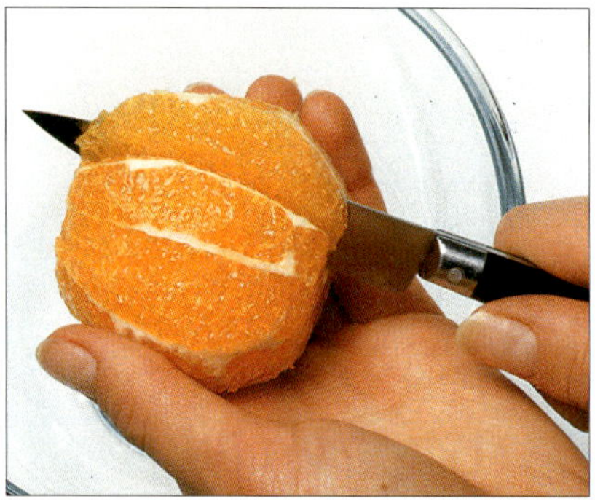

1 Für Fruchtfilets hält man die Frucht über eine Schüssel, um den Saft aufzufangen. Dann das Fleisch jeweils links und rechts der Trennhäute bis zur Mitte einschneiden, bis alle Filets ausgelöst sind.

FRISCHE JOHANNISBEEREN

1 Die Zweige durch Gabelzinken ziehen, um auf diese Weise rote, schwarze oder weiße Johannisbeeren abzulösen.

ÄPFEL UND BIRNEN

1 Bei ganzen Früchten das Kerngehäuse mit einem Fruchtentkerner ausstechen.

1 Bei Hälften: Kerngehäuse mit Kugelausstecher entfernen. Stiel mit dem Messer auslösen.

2 Für Ringe: Kerngehäuse ausstechen; Kerne entfernen. Frucht auf die Seite legen und in Ringe schneiden.

1 Für Scheiben: Frucht halbieren, Kerngehäuse und Kerne entfernen. Eine Hälfte (Schnittseite unten) quer in Scheiben schneiden. Mit der zweiten Hälfte wiederholen.

FRISCHE DATTELN

1 Die Frucht längs halbieren und den Kern entfernen.

PAPAYAS UND MELONEN

1 Frucht halbieren. Kerne aus der Mitte auslöffeln und zähe Fasern entfernen. Für Scheiben die Birnenmethode anwenden.

KIWI, STERNFRUCHT (KARAMBOLE)

1 Die Enden entfernen und die Frucht gleichmäßig in Scheiben schneiden.

ANANAS

1 Die Ananas zum Schälen aufrecht stellen, an der Spitze fest halten und die Schale in dicken Scheiben abschneiden. Verbleibende Augen in der Frucht mit der Messerspitze entfernen.

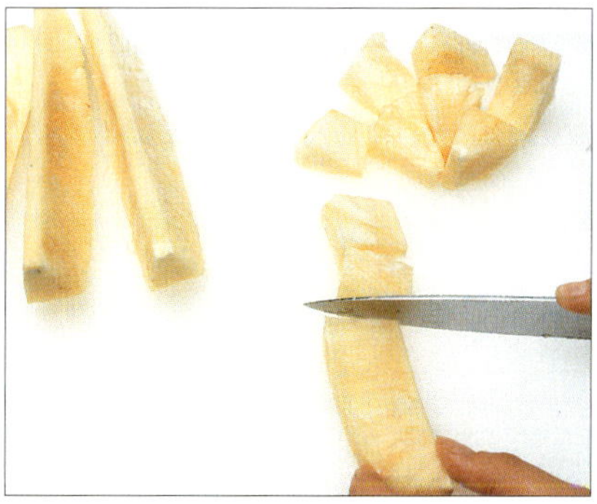

2 Für Stücke die Frucht längs halbieren und vierteln. Die Viertel in Streifen schneiden und die harte Mitte entfernen. Die Streifen in Stücke schneiden.

3 Für Ringe die geschälte Frucht quer in Scheiben schneiden und die Mitte ausstechen.

FARBE FRISCH ERHALTEN

Wenn sie zu lange der Luft ausgesetzt sind, werden Apfel-, Bananen- und Avocadostücke braun. Um das zu verhindern, kann man die Schnittflächen mit Zitronensaft einreiben oder harte Früchte in Zitronenwasser tauchen; aber nicht zu lange liegen lassen, da sie sonst matschig werden!

MANGOS

1 Frucht beiderseits des Steins längs abschneiden, dann die Enden bis zum Kern abtrennen.

2 Schälen. Das Fleisch in Scheiben oder Würfel schneiden.

PFIRSICHE, NEKTARINEN, APRIKOSEN UND PFLAUMEN

1 Frucht entlang der Einkerbung halbieren. Hälften auseinander ziehen. Den Kern heraus nehmen oder mit der Messerspitze ausheben. Oder die ungeschälte Frucht um den Kern in Schnitze schneiden. Jeden Schnitz auf die Schalenseite legen und mit dem Messer schälen.

Salat-Dressings

Die Zutaten eines Salats sind zwar sehr wichtig, aber das Geheimnis eines perfekten Salats liegt im guten Dressing. Eine französische Vinaigrette aus bestem Olivenöl und Essig kann selbst den langweiligsten Blattsalat retten, während eine selbst gemachte Majonäse immer Eindruck macht. Mit etwas Erfahrung und Selbstvertrauen können Sie Essig und Öl kurz vor dem Servieren direkt an den Salat geben, aber die sicherste Methode besteht darin, ein Dressing im Voraus zuzubereiten. Selbst gemachte Dressings halten sich bis zu eine Woche im Kühlschrank und gewinnen dabei noch mehr Aroma. Hier eine Auswahl von Dressings, die zum Grundrepertoire jedes Kochs zählen sollten.

THOUSAND-ISLANDS-DRESSING

Diese cremige Sauce passt gut zu grünen Salaten und geriebenen Karotten sowie zu heißen Kartoffel-, Nudel- und Reissalaten.

ZUTATEN

Ergibt etwa 120 ml

4 EL Sonnenblumenöl
1 EL Orangensaft
1 EL Zitronensaft
2 TL geriebene Zitronenschale
1 EL fein gewürfelte Zwiebel
1 TL Paprikapulver
1 TL Worcestershiresauce
1 EL fein gehackte frische Petersilie
Salz und gemahlener schwarzer Pfeffer

Alle Zutaten in ein Schraubglas geben und abschmecken. Verschließen und kräftig schütteln.

VINAIGRETTE

Die französische Vinaigrette ist das beliebteste Dressing überhaupt.

ZUTATEN

Ergibt etwa 120 ml

6 EL Olivenöl (Extra Vergine)
1 EL Weißweinessig
1 TL Dijon-Senf
eine Prise feiner Zucker

1 Öl und Essig in ein sauberes Schraubglas geben.

2 Dann Senf und Zucker zugeben.

3 Verschließen und kräftig schütteln.

KRÄUTER-VINAIGRETTE

Die feinen Aromen eines oder mehrerer frischer Kräuter passen gut zu einer Vinaigrette. Geben Sie sie zu einem grünen Salat und servieren Sie sie mit gutem Käse, frischem Brot und Wein.

ZUTATEN

Ergibt etwa 120 ml

4 EL Olivenöl (Extra Vergine)
2 EL Erdnuss- oder Sonnenblumenöl
1 EL Zitronensaft
4 EL fein gehackte frische Kräuter (Petersilie, Schnittlauch, Estragon und Majoran)
eine Prise feiner Zucker

1 Olivenöl und Erdnuss- oder Sonnenblumenöl in ein sauberes Schraubglas geben.

2 Zitronensaft, gehackte frische Kräuter und Zucker zugeben.

3 Verschließen und kräftig schütteln.

MAJONÄSE

Bei Majonäse handelt es sich um eine einfache Emulsion aus Eigelb und Öl. Für gleich bleibende Ergebnisse ist es wichtig, dass Eigelb und Öl vor dem Mischen Zimmertemperatur haben. Selbst gemachte Majonäse wird aus rohen Eigelben hergestellt und ist daher für Kleinkinder, Schwangere und ältere Menschen ungeeignet.

ZUTATEN

Ergibt etwa 300 ml

2 Eigelbe
1 TL Dijon-Senf
125 ml Olivenöl (Extra Vergine)
150 ml Erdnuss- oder Sonnenblumenöl
2 TL Weißweinessig
Salz und gemahlener schwarzer Pfeffer

1 Eigelbe und Senf im Mixer zu einer glatten Paste mixen.

2 Bei laufender Maschine langsam Olivenöl hinein gießen. Sobald die Mischung andickt, Erdnuss- oder Sonnenblumenöl in einem dünnen, gleichmäßigen Strahl dazugeben.

3 Essig dazugeben und mit Salz und Pfeffer abschmecken.

JOGHURTDRESSING

Hier eine weniger fette und leichter herzustellende Variante der klassischen Majonäse. Sie kann als fettarme Alternative verwendet werden. Die Kräuter kann man nach Wunsch variieren oder ganz weglassen.

ZUTATEN

Ergibt etwa 200 ml

150 g Naturjoghurt
2 EL Majonäse
2 EL Milch
1 EL gehackte frische Petersilie
1 EL gehackter frischer Schnittlauch

Alle Zutaten in eine Schüssel geben. Abschmecken und gründlich vermengen.

BLAUSCHIMMELKÄSE-SCHNITTLAUCH-DRESSING

Dressings mit Blauschimmelkäse haben einen prominenten, herzhaften Geschmack und passen gut zu winterlichen Salatgemüsen wie Eskarol, Chicorée und Radicchio.

ZUTATEN

Ergibt etwa 350 ml

75 g Blauschimmelkäse (Stilton, Bleu d'Auvergne oder Gorgonzola)
150 g fettarmer Naturjoghurt
3 EL Olivenöl
2 EL Zitronensaft
1 EL gehackter frischer Schnittlauch
gemahlener schwarzer Pfeffer

1 Käse von der Rinde befreien. Mit einem Drittel des Joghurts in einer Schüssel verrühren.

2 Restlichen Joghurt, Olivenöl und Zitronensaft dazugeben.

3 Gehackten Schnittlauch zufügen und mit gemahlenem schwarzem Pfeffer abschmecken.

BASILIKUM-ZITRONEN-MAJONÄSE

Dieses köstliche Dressing wird mit Zitronensaft und zwei Basilikumsorten verfeinert. Es passt zu allen Blatt-, Rohkost- und Krautsalaten. Genauso schmeckt es zu gebackenen Kartoffeln und als Dip für Pommes frites. In einem luftdicht schließenden Glas hält es sich bis zu eine Woche im Kühlschrank.

ZUTATEN

Ergibt etwa 300 ml

2 große Eigelbe
1 EL Zitronensaft
150 ml Olivenöl (Extra Vergine)
150 ml Sonnenblumenöl
4 Knoblauchzehen
eine Hand voll frisches grünes Basilikum
eine Hand voll frisches rotblättriges Basilikum
Salz und gemahlener schwarzer Pfeffer

1 Eigelbe und Zitronensaft im Mixer oder in der Küchenmaschine kurz zusammen vermischen.

2 Beide Öle in einem Glas verrühren. Das Öl bei laufender Maschine langsam nach und nach hineingießen.

3 Sobald die Hälfte des Öls verarbeitet ist und die Mischung sich gut verbindet, kann der Rest des Öls schneller zugegeben werden. Mixen, bis eine dickflüssige, cremige Majonäse entsteht.

4 Die Knoblauchzehen schälen, durchpressen und zur Majonäse geben. Alternativ können die Zehen auch auf einem Brett mit Salz bestreut, zerdrückt und zu einem groben Püree gehackt werden.

5 Die Basilikumblätter vom Stiel lösen und klein zupfen. Dann unter die Majonäse rühren.

6 Majonäse mit Salz und Pfeffer abschmecken und in eine Dessertschüssel geben. Abdecken und bis zum Servieren kalt stellen.

Schnelle Dressings und Dips

Wenn es einmal schnell gehen soll, empfehlen sich diese einfachen Rezepte.

CREMIGER OLIVENDIP

Ein wenig schwarze Olivenpaste mit einem Becher Crème double vermischen. Mit Salz, gemahlenem schwarzem Pfeffer und einem Spritzer Zitronensaft abschmecken. Gekühlt servieren.

CRÈME-FRAÎCHE-DRESSING MIT FRÜHLINGSZWIEBELN

Ein Bund Frühlingszwiebeln fein hacken; mit einem Becher Crème Fraîche verrühren. Mit einem Tropfen Chilisauce, einem Spritzer Zitronensaft, Salz und gemahlenem schwarzem Pfeffer abschmecken.

GRIECHISCHER JOGHURT-SENF-DIP

Einen Becher griechischen Joghurt mit 1 bis 2 Teelöffeln grobkörnigem Senf verrühren. Zu Rohkostgemüsen servieren.

KRÄUTERMAJONÄSE

Fertige französische Majonäse mit einer Hand voll gehackter frischer Kräuter verfeinern – zum Beispiel glatte Petersilie, Basilikum, Dill oder Estragon.

PASSATA-MEERRETTICH-DIP

Einen kleinen Karton Passata (passierte Tomaten) mit Meerrettichsauce oder 1–2 Teelöffeln Sahnemeerrettich veredeln und mit Salz und Pfeffer abschmecken. Zu gedünstetem Gemüse servieren.

Oben: 1. Reihe: Cremiger Oliven-Dip, Crème-Fraîche-Dressing mit Frühlingszwiebeln. 2. Reihe: Kräutermajonäse, Tomaten-Dip. 3. Reihe: Griechischer Joghurt-Senf-Dip, Weichkäse-Schnittlauch-Dip, Joghurt-Dressing pikant. 4. Reihe: Pesto-Dip, Passata-Meerrettich-Dip.

PESTO-DIP

Eine einfache, schnelle italienische Variante: 1 Esslöffel fertige rote oder grüne Pesto mit einem Becher saurer Sahne verrühren. Als köstliche Vorspeise zu Rohkost oder gebackenem Gemüse wie Paprikastreifen, Zucchinischeiben und Zwiebelringen servieren.

WEICHKÄSE-SCHNITTLAUCH-DIP

Einen Becher Weichkäse mit 2–3 Esslöffeln gehacktem Schnittlauch verrühren und mit Salz und schwarzem Pfeffer abschmecken. Ist der Dip zu dickflüssig, etwas Milch einrühren. Passt zu allen Salaten, vor allem winterlichen Krautsalaten.

JOGHURT-DRESSING PIKANT

Etwas Currypaste und -chutney mit einem Becher Joghurt verrühren.

TOMATEN- DIP

1–2 Esslöffel Paste aus sonnengetrockneten Tomaten mit einem Becher griechischem Joghurt mischen. Mit Salz und Pfeffer abschmecken.

Leichte Salate und Beilagen

Rohkostsalate

Eine farbenfrohe Auswahl roher Gemüse ergibt einen wunderbaren Imbiss zum Aperitif oder auch eine kleine Vorspeise. Der Begriff »Rohkost« gilt sowohl für kleine Gemüsestücke, die zu einem leckeren Dip serviert werden, als auch für eine Reihe von Gemüsesalaten. Durch die Zusammenstellung kontrastierender Farben kann man aus jeder Auswahl von rohen oder sanft gekochten Gemüsen mit einem pikanten Dip wie Aïoli (Knoblauchmajonäse) oder Tapenade (Olivenpaste) auf einem Teller oder in Körbchen einen wahren Augenschmaus zaubern. Berechnen Sie pro Person 75–115 g von jedem Gemüse.

AÏOLI

4 zerdrückte Knoblauchzehen (oder Menge nach Wunsch) mit einer Prise Salz in eine Schüssel geben und mit dem Löffelrücken vermengen. 2 Eigelbe dazugeben und 30 Sekunden im Mixer cremig schlagen. Tropfenweise 250 ml Olivenöl (Extra Vergine) einrühren, bis die Mischung andickt. Danach kann das Öl in einem dünnen Strahl zugegeben werden, bis die Mischung dickflüssig ist. Die Sauce mit etwas Zitronensaft verdünnen und nach Geschmack würzen. Bis zu 2 Tage kalt stellen; vor dem Servieren auf Zimmertemperatur bringen und durchrühren.

TAPENADE

200 g entkernte schwarze Oliven, 6 Sardellenfilets aus der Dose, 2 EL abgespülte Kapern, 1–2 Knoblauchzehen, 1 TL frische Thymianblätter, 1 EL Dijon-Senf, den Saft von 1/2 Zitrone, gemahlenen schwarzen Pfeffer und nach Belieben 1 EL Brandy in den Mixer geben. 15–30 Sekunden glatt mixen, dann von der Innenwand abstreichen. Bei laufender Maschine langsam 4–6 EL Olivenöl (Extra Vergine) zugeben, bis eine glatte, feste Paste entsteht. In einem Schraubglas lagern.

ROHKOSTTELLER

ZUTATEN

Für 6–8 Personen

2 rote und 2 gelbe Paprikaschoten, entkernt und längs in Streifen geschnitten
225 g Baby-Maiskolben, blanchiert
1 Chicoréestaude (weiß oder rot), Blätter geputzt und getrennt
175–225 g dünne Spargelstangen, geputzt und blanchiert
1 kleiner Bund Radieschen mit kleinen Blättern
175 g Cocktailtomaten
12 Wachteleier, 3 Minuten gekocht, abgeschreckt und geschält
Aïoli oder Tapenade, zum Servieren

Die vorbereiteten Gemüse mit den Wachteleiern auf einem Teller anrichten. Bis zum Servieren mit einem feuchten Küchenhandtuch abdecken. Mit Aïoli oder Tapenade zum Dippen servieren.

TOMATEN-GURKEN-SALAT

ZUTATEN

Für 4–6 Personen

1 mittelgroße Salatgurke, geschält und in dünne Scheiben geschnitten
5–6 Eiswürfel
2 EL Weißweinessig
6 EL Crème Fraîche oder saure Sahne
2 EL gehackte frische Minze
4 oder 5 reife Tomaten, in Scheiben
Salz und gemahlener schwarzer Pfeffer

Gurke in eine Schüssel geben, mit etwas Salz bestreuen, mit 1 EL Essig besprenkeln und mit den Eiswürfeln durchheben. Zum Auffrischen 1 Stunde kühlen, dann abspülen, abtropfen lassen und trocken tupfen. Erneut in die Schüssel geben, Sahne, Pfeffer und Minze zugeben und gut durchmischen. Die Tomatenscheiben auf einem Teller anrichten, mit dem restlichen Essig besprenkeln und die Gurkenscheiben in der Mitte anrichten.

KAROTTEN-PETERSILIE-SALAT

ZUTATEN

Für 4–6 Personen

1 Knoblauchzehe, zerdrückt
abgeriebene Schale und Saft von 1 ungespritzten Orange
2–3 EL Erdnussöl
450 g Karotten, in Juliennestreifen
2–3 EL gehackte frische Petersilie
Salz und gemahlener schwarzer Pfeffer

Eine Schüssel mit dem Knoblauch ausreiben, den Knoblauch in der Schüssel lassen. Orangenschale und -saft, Salz und Pfeffer hineingeben. Mit dem Öl verschlagen, dann den Knoblauch entfernen. Karotten und die Hälfte der Petersilie hineingeben; durchheben. Mit der restlichen Petersilie garnieren.

Blattsalat mit Kräutern

Heutzutage sind die verschiedensten Blattsalate das ganze Jahr über erhältlich. Versuchen Sie es doch einmal mit einer abgepackten Mischung junger Salatblätter.

ZUTATEN

Für 4 Personen

½ Salatgurke
Salatmischung
1 Bund Brunnenkresse (etwa 115 g)
1 Chicorée, in Streifen geschnitten
3 EL gehackte frische Kräuter: Petersilie, Thymian, Estragon, Schnittlauch, Kerbel

Für das Dressing

1 EL Weißweinessig
1 TL Senf
5 EL Olivenöl
Salz und gemahlener schwarzer Pfeffer

1 Essig und Senf für das Dressing verrühren, dann Öl und Gewürze unterschlagen.

2 Gurke nach Wunsch schälen, längs halbieren und die Kerne herausschaben. In dünne Streifen schneiden. Salatblätter in mundgerechte Stücke zupfen.

3 Gurke, Blätter, Brunnenkresse, Chicorée und Kräuter in einer Schüssel entweder durchheben oder in Schichten anrichten.

4 Dressing durchrühren, über den Salat geben und leicht durchheben, um alle Zutaten damit zu überziehen. Sofort servieren.

Melonen-Grapefruit-Cocktail mit Minze

Melone ist immer ein willkommenes Entrée. Hier wird sie mit herrlich erfrischenden Zitrusfrüchten und einem schlichten Dressing veredelt.

ZUTATEN

Für 4 Personen

1 kleine Galia-Melone (etwa 1 kg)
2 Pink Grapefruits
1 gelbe Grapefruit
1 TL Dijon-Senf
1 TL Himbeer- oder Sherryessig
1 TL klarer Honig
1 EL gehackte frische Minze
frische Minzezweige, zum Garnieren

1 Melone halbieren und die Kerne mit einem Löffel entfernen. Mit einem Kugelausstecher Bällchen aus dem Fruchtfleisch ausstechen.

2 Grapefruit mit einem scharfen Messer schälen und das weiße Mark entfernen. Durch Schneiden zwischen den Membranen filetieren. Dabei die Frucht über eine Schüssel halten, um den Saft aufzufangen.

3 Senf, Essig, Honig, Minze und Grapefruitsaft in einer Schüssel miteinander verschlagen. Melonenbällchen und Grapefruitfilets hineingeben und gut durchheben. 30 Minuten kalt stellen.

4 Mischung auf vier Dessertschalen verteilen, jeweils mit einem Minzezweig garnieren und servieren.

Salat in Schwarz und Orange

Hier ein ungewöhnlicher Salat in starken Kontrasten, mit einem pikanten Dressing. Ein wahres Fest für Augen und Gaumen.

ZUTATEN

Für 4 Personen

3 Orangen
115 g entkernte schwarze Oliven
1 EL gehackter frischer Koriander
1 EL gehackte frische Petersilie

Für das Dressing

2 EL Olivenöl
1 EL Zitronensaft
½ TL Paprikapulver
½ TL gemahlener Kümmel

1 Orangen mit einem scharfen Messer schälen, das weiße Mark entfernen und in Stücke teilen.

2 Orangen mit Oliven, Koriander und Petersilie in eine Salatschüssel geben.

3 Olivenöl, Zitronensaft, Paprikapulver und Kümmel miteinander verrühren. Dressing über den Salat geben und vorsichtig durchheben. 30 Minuten kalt stellen und servieren.

Rauke-Koriander-Salat

Raukeblätter haben einen wunderbar pfeffrigen Geschmack. Man benötigt allerdings sehr viel davon oder füllt diesen Salat mit Spinat oder anderem Blattgrün auf.

ZUTATEN

Für 4 Personen

115 g Raukeblätter (oder mehr)
115 g junge Spinatblätter (oder mehr)
1 großes Bund frischer Koriander (etwa 25 g)
2–3 Stängel frische Petersilie

Für das Dressing

1 Knoblauchzehe, zerdrückt
3 EL Olivenöl
2 TL Weißweinessig
eine Prise Paprikapulver
Cayennepfeffer
Salz

1 Die Rauke- und Spinatblätter in eine Salatschüssel geben. Koriander und Petersilie hacken und darüber streuen.

2 Knoblauch, Olivenöl, Essig, Paprikapulver, Cayennepfeffer und Salz in einem kleinen Krug miteinander verrühren.

3 Dressing über den Salat geben und sofort servieren.

Cäsar-Salat

Es kursieren viele Legenden über die Herkunft des Cäsar-Salats. Vermutlich wurde er von dem Italiener Cäsar Cardini erfunden, der um 1920 ein Restaurant in Mexiko führte. Das Geheimnis dieses Salats liegt in seiner Schlichtheit.

ZUTATEN

Für 4 Personen

3 Weißbrotscheiben vom Vortag, 1 cm dick
4 EL Knoblauchöl
50 g Parmesankäse am Stück
1 Romanasalat
Salz und gemahlener schwarzer Pfeffer

Für das Dressing

2 Eigelbe, möglichst ganz frisch
25 g Sardellenfilets aus der Dose, abgetropft und grob gehackt
½ TL Dijon-Senf
120 ml Olivenöl
1 EL Weißweinessig

1 Eigelbe, Sardellen, Senf, Öl und Essig für das Dressing in ein Schraubglas geben und kräftig schütteln.

2 Kruste vom Brot abschneiden und das Brot in 2,5 cm lange Stücke schneiden.

3 Knoblauchöl in einer großen Bratpfanne erhitzen und die Brotstücke darin goldbraun rösten. Mit Salz bestreuen und auf Küchenpapier abtropfen lassen.

4 Parmesan mit dem Sparschäler dünn abhobeln.

5 Salatblätter waschen und trocken schleudern. Mit Dressing übergießen und mit Knoblauchcroûtons und Käseraspeln bestreuen. Salzen, pfeffern und servieren.

GUTER TIPP

Das klassische Dressing für diesen Salat wird mit rohen Eigelben bereitet. Verwenden Sie nur die frischesten Eier aus zuverlässiger Quelle. Schwangere, Kleinkinder und ältere Menschen sollten kein rohes Eigelb verzehren. Lassen Sie es weg und hobeln Sie statt dessen hart gekochtes Eigelb über den Salat.

Türkischer Salat

Dieser Klassiker bietet eine schöne Kombination von Texturen und Aromen. Der salzige Käse wird perfekt durch die erfrischenden Salatgemüse ausgeglichen.

ZUTATEN

Für 4 Personen

1 Romana-Herz

1 grüne Paprikaschote

1 rote Paprikaschote

½ Salatgurke

4 Tomaten

1 rote Zwiebel

225 g Fetakäse, zerkrümelt

schwarze Oliven, zum Garnieren

Für das Dressing

3 EL Olivenöl

3 EL Zitronensaft

1 Knoblauchzehe, zerdrückt

1 EL gehackte frische Petersilie

1 EL gehackte frische Minze

Salz und gemahlener schwarzer Pfeffer

1 Salat in mundgerechte Stücke schneiden. Paprikaschoten entkernen, entrippen und in dünne Streifen schneiden. Gurke klein würfeln und die Tomaten in Scheiben oder Würfel schneiden. Die Zwiebel halbieren und in dünne Streifen schneiden.

2 Salat, Paprika, Gurke, Tomaten und Zwiebel in einer großen Schüssel mit Feta bestreuen und durchheben.

3 Olivenöl, Zitronensaft und Knoblauch für das Dressing in einer kleinen Schüssel verrühren. Petersilie und Minze einrühren; mit Salz und Pfeffer abschmecken.

4 Dressing über den Salat geben und leicht durchheben. Mit schwarzen Oliven garnieren und sofort servieren.

Persischer Salat

Dieser sehr einfache Salat passt zu fast jedem Gericht. Geben Sie das Dressing erst kurz vor dem Servieren darüber.

ZUTATEN

Für 4 Personen

4 Tomaten

½ Salatgurke

1 Zwiebel

1 Romana-Herz

Für das Dressing

2 EL Olivenöl

Saft von 1 Zitrone

1 Knoblauchzehe, zerdrückt

Salz und gemahlener schwarzer Pfeffer

1 Tomaten und Gurke klein würfeln. Zwiebel fein hacken und den Salat in Stücke zupfen.

2 Tomaten, Gurke, Zwiebeln und Salat in einer großen Salatschüssel durchheben.

3 Olivenöl für das Dressing in eine kleine Schüssel geben. Zitronensaft, Knoblauch und Gewürze dazugeben und gut vermischen.

4 Dressing über den Salat geben und sanft durchheben. Mit schwarzem Pfeffer bestreuen und anschließend servieren.

Champignon-Spinat-Salat

Dieser nahrhafte Salat passt gut zu kräftig gewürzten Gerichten. Als leichte Mahlzeit kann man ihn mit einer Vinaigrette und ofenwarmem Baguette servieren.

ZUTATEN

Für 4 Personen

10 Babymaiskolben
2 mittelgroße Tomaten
115 g Champignons
1 mittelgroße Zwiebel, in Ringe geschnitten
20 kleine Spinatblätter
25 g Gartenkresse (nach Belieben)
Salz und gemahlener schwarzer Pfeffer

1 Maiskölbchen längs halbieren und die Tomaten in Scheiben schneiden.

2 Die Champignons gründlich putzen und in dünne Scheiben schneiden.

3 Alle Salatzutaten in einer großen Schüssel dekorativ anrichten. Salzen, pfeffern und sofort servieren.

Nussiger Salat

Ein köstlicher, leicht säuerlicher Salat, der als Beilage oder Vorspeise serviert werden kann. Für ein Partybufett kann man ihn als Füllung für kleine Fladenbrote zubereiten.

ZUTATEN

Für 4 Personen

1 mittelgroße Zwiebel, in 12 Ringe geschnitten
115 g rote Kidneybohnen aus der Dose, abgetropft
1 mittelgroße grüne Zucchini, in Scheiben geschnitten
1 mittelgroße gelbe Zucchini, in Scheiben geschnitten
50 g Muschelnudeln, gekocht
50 g Cashewkerne
25 g Erdnüsse
Limettenstücke und frische Korianderzweige, zum Garnieren

Für das Dressing

120 ml Frischkäse
2 EL Naturjoghurt
1 grüne Chilischote, gehackt
1 EL gehackter frischer Koriander
½ TL zerdrückte schwarze Pfefferkörner
½ TL zerdrückte getrocknete rote Chilischoten
1 EL Zitronensaft
½ TL Salz

1 Zwiebelringe, Kidneybohnen, Zucchinischeiben und Nudeln in einer Salatschüssel anrichten und Cashews und Erdnüsse darüber streuen.

2 In einer zweiten Schüssel Frischkäse, Joghurt, grüne Chili, Koriander und Salz mit einer Gabel gründlich verschlagen.

3 Dressing mit Pfeffer, roten Chilis und Zitronensaft besprenkeln. Salat mit Limettenstücken garnieren und mit dem Dressing in einer separaten Schüssel oder über den Salat gegeben servieren.

Steinpilzsalat

Um den Geschmack frischer Steinpilze zu betonen, ist dieser köstliche Salat mit einem Walnussöl-Dressing angemacht. Verwenden Sie frische, kleine Steinpilze mit fester Konsistenz und kräftigem Aroma.

ZUTATEN

Für 4 Personen

350 g frische Steinpilze
175 g Salatmischung aus Batavia, jungem Spinat und Frisée
50 g Walnussstücke, geröstet
50 g Parmesankäse am Stück
Salz und gemahlener schwarzer Pfeffer

Für das Dressing

2 Eigelbe
½ TL Dijon-Senf
5 EL Erdnussöl
3 EL Walnussöl
2 EL Zitronensaft
2 EL gehackte frische Petersilie
1 Prise feiner Zucker

1 Eigelbe für das Dressing mit Senf, Erdnuss- und Walnussöl, Zitronensaft, Petersilie und Zucker in ein Schraubglas geben und kräftig schütteln.

2 Steinpilze putzen und in dünne Scheiben schneiden.

3 Steinpilze in einer großen Salatschüssel mit dem Dressing durchheben. 10–15 Minuten ziehen lassen.

4 Die Salatblätter waschen und trocknen, dann mit den Pilzen durchheben.

5 Salat auf vier große Salatteller verteilen, gut würzen, mit den gerösteten Walnüssen und Parmesanspänen bestreuen und servieren.

Klassischer griechischer Salat

Griechenlandurlauber wissen, dass dieser Salat mit einem Stück Brot eine köstliche Vorspeise ergibt.

ZUTATEN

Für 4 Personen

1 Romanasalat
½ Salatgurke, längs halbiert
4 Tomaten
8 Frühlingszwiebeln, in Streifen geschnitten
schwarze Oliven
115 g Fetakäse

Für das Dressing

6 EL Weißweinessig
150 ml Olivenöl (Extra Vergine)
Salz und gemahlener schwarzer Pfeffer

1 Salatblätter klein zupfen und in eine große Schüssel geben. Gurke in Scheiben schneiden und hinzugeben.

2 Tomaten in Stücke schneiden und in die Schüssel geben.

3 Frühlingszwiebeln und Oliven hinzugeben und gut durchheben.

4 Fetakäse würfeln und zum Salat geben.

5 Essig, Olivenöl und Gewürze in eine kleine Schüssel geben und gut verschlagen. Dressing über den Salat geben und durchheben. Sofort mit zusätzlichen Oliven und Brotstücken servieren.

GUTER TIPP

Der Salat kann im Voraus zusammengestellt und gekühlt werden. Das Dressing erst kurz vor dem Servieren bei Zimmertemperatur darüber geben, da Kälte dem Geschmack schadet.

Orangen-Zwiebel-Salat mit Kümmel

Kümmel und Minze verleihen diesem Salat das nordafrikanische Flair. Am besten nimmt man kleine kernlose Orangen.

ZUTATEN

Für 6 Personen

6 Orangen
2 rote Zwiebeln
1 EL Kümmelkörner
1 TL grob gemahlener schwarzer Pfeffer
1 EL gehackte frische Minze
Salz
frische Minzezweige und Oliven, zum Servieren

1 Orangen über einer Schüssel in dünne Scheiben schneiden, um den Saft aufzufangen. Dann mit einer Schere Schale und Mark abschneiden. Den Saft auffangen. Die Zwiebeln in dünne Ringe schneiden.

2 Orangen und Zwiebelringe in Lagen in eine flache Form schichten und jede Lage nach Geschmack mit Kümmelkörnern, Pfeffer, Minze, Olivenöl und Salz besprenkeln. Mit Orangensaft übergießen.

3 Salat 2 Stunden an einem kühlen Ort marinieren lassen. Mit Minzezweigen und Oliven anrichten und servieren.

Spanischer Salat mit Kapern und Oliven

Bereiten Sie diesen erfrischenden Salat im Sommer zu, wenn Tomaten das beste Aroma haben.

ZUTATEN

Für 4 Personen

4 Tomaten
½ Salatgurke
1 Bund Frühlingszwiebeln, geputzt und gehackt
1 Bund Brunnenkresse
8 gefüllte Oliven
2 EL abgetropfte Kapern

Für das Dressing

2 EL Rotweinessig
1 TL Paprikapulver
½ TL gemahlener Kümmel
1 Knoblauchzehe, zerdrückt
5 EL Olivenöl
Salz und gemahlener schwarzer Pfeffer

1 Die Tomaten häuten und klein würfeln. In eine Schüssel geben.

2 Gurke schälen, klein würfeln und zu den Tomaten geben. Die Hälfte der Frühlingszwiebeln hinzugeben und leicht durchheben. Die Brunnenkresse in Zweige auftrennen und mit Oliven und Kapern zur Tomatenmischung geben.

3 Für das Dressing den Essig, Paprikapulver, Kümmel und Knoblauch in einer Schüssel vermischen. Öl unterschlagen und mit Salz und Pfeffer abschmecken. Über den Salat geben und sanft durchheben. Sofort mit den restlichen Frühlingszwiebeln servieren.

Karotten-Orangen-Salat

Die Grundlage für diesen herrlich frischen Salat sind ein Obst und ein Gemüse, die wie füreinander geschaffen sind.

ZUTATEN

Für 4 Personen

450 g Karotten
2 große Orangen
1 EL Olivenöl
2 EL Zitronensaft
eine Prise Zucker (nach Belieben)
2 EL gehackte Pistazien oder geröstete Pinienkerne
Salz und gemahlener schwarzer Pfeffer

1 Karotten schälen und in eine große Schüssel reiben.

2 Orangen mit einem scharfen Messer schälen und über einer kleinen Schüssel filetieren, um den Saft aufzufangen.

3 Olivenöl, Zitronensaft und Orangensaft verrühren. Mit Salz, Pfeffer und Zucker nach Wunsch abschmecken.

4 Die Orangenfilets mit Karotten durchheben und das Dressing darüber geben. Salat vor dem Servieren mit Pistazien oder Pinienkernen bestreuen.

Spinatsalat mit geröstetem Knoblauch

Keine Angst vor dem vielen Knoblauch! Er wird beim Rösten süß und verliert sein beißend scharfes Aroma.

ZUTATEN

Für 4 Personen

12 Knoblauchzehen, ungeschält

4 EL Olivenöl (Extra Vergine)

450 g junge Spinatblätter

50 g Pinienkerne, leicht geröstet

Saft von ½ Zitrone

Salz und gemahlener schwarzer Pfeffer

1 Backofen auf 190 °C (Gasherd: Stufe 5) vorheizen. Knoblauch in eine kleine Backform geben, in 2 EL Olivenöl wenden und 15 Minuten rösten, bis die Zehen an den Kanten leicht angebrannt sind.

2 Warmen Knoblauch in eine Schüssel geben. Spinat, Pinienkerne, Zitronensaft, übriges Olivenöl und Salz zufügen. Gut durchheben, mit Pfeffer abschmecken. Sofort servieren und die Gäste auffordern, das weiche Knoblauchpüree aus der Schale zu drücken.

Gemischter grüner Salat

Eine gute Zusammenstellung für diesen Salat wäre Rauke, Radicchio, Feldsalat und Endivien mit Kräutern wie Kerbel, Basilikum, Petersilie und Estragon.

ZUTATEN

Für 4–6 Personen

1 Knoblauchzehe, geschält
2 EL Rotwein- oder Sherryessig
1 TL Dijon-Senf (nach Belieben)
75–120 ml Olivenöl (Extra Vergine)
200–225 g gemischte Salatblätter und Kräuter
Salz und gemahlener schwarzer Pfeffer

1 Eine große Salatschüssel mit der Knoblauchzehe ausreiben. Zehe in der Schüssel belassen.

2 Essig, Salz, Pfeffer und Senf zugeben. Zum Mischen durchrühren, dann langsam das Olivenöl unterschlagen.

3 Knoblauchzehe entfernen und die Vinaigrette durchrühren.

4 Salatblätter in die Schüssel geben und gut durchheben. Sofort servieren.

ABWANDLUNG

Solch ein Salat sollte immer einige kräftige Blätter enthalten. Versuchen Sie junge Löwenzahnblätter, wenn sie Saison haben, aber pflücken Sie sie nicht neben Straßen und in landwirtschaftlichen Anbaugebieten, wo Pestizide eingesetzt werden.

Apfel-Sellerie-Salat

Trotz seines groben Aussehens hat der Knollensellerie einen süßen und feinen Geschmack. Traditionell wird er in Zitronenwasser blanchiert, aber hier kann er roh sein einzigartiges Aroma entfalten.

ZUTATEN

Für 3–4 Personen

675 g Knollensellerie, geschält
2–3 TL Zitronensaft
1 TL Walnussöl (nach Belieben)
1 Apfel
3 EL Majonäse
2 TL Dijon-Senf
1 EL gehackte frische Petersilie
Salz und gemahlener schwarzer Pfeffer

1 Sellerie mit der Küchenmaschine oder Reibe grob zerkleinern. Alternativ in sehr dünne Juliennestreifen schneiden.

2 Sellerie in eine Schüssel geben, mit Zitronensaft und Walnussöl nach Wunsch beträufeln und gut durchheben.

3 Apfel nach Wunsch schälen, vierteln und Kerngehäuse entfernen. Apfelviertel quer in dünne Scheiben schneiden und mit dem Sellerie durchheben.

4 Majonäse, Senf und Petersilie verrühren und mit Salz und Pfeffer abschmecken. Zur Selleriemischung geben und gut durchrühren. Vor dem Servieren einige Stunden kalt stellen.

Chicorée-Obstsalat mit Nüssen

Der leicht bittere Geschmack der weißen Chicoréeblätter wird hier sehr schön durch die süßen Früchte ergänzt und durch die cremige Currysauce zusätzlich betont.

ZUTATEN

Für 4 Personen

- 3 EL Majonäse
- 1 EL griechischer Joghurt
- 1 EL milde Currypaste
- 6 EL Kaffeesahne
- ½ Eisbergsalat
- 2 Chicorée
- 50 g Cashewkerne
- 50 g Kokosflocken
- 2 rote Äpfel
- 75 g Johannisbeeren

1 Majonäse, Joghurt, Currypaste und Sahne in einer kleinen Schüssel verrühren. Abdecken und kalt stellen.

2 Salatblätter in Stücke zupfen; in eine Rührschüssel geben.

3 Die Wurzelenden von den Chicorée abschneiden, Blätter trennen und zum Salat geben. Den Backofengrill vorheizen.

4 Cashewkerne 2 Minuten goldgelb rösten. In eine Schüssel geben und auf die Seite stellen. Kokosflocken auf einem Backpapier ausbreiten und 1 Minute goldgelb rösten.

5 Äpfel vierteln und Kerngehäuse entfernen. In Scheiben schneiden und mit den gerösteten Kokosflocken, Cashewkernen und Johannisbeeren zum Salat geben.

6 Dressing über den Salat geben, sanft durchheben und servieren.

GUTER TIPP

Kokosflocken und Cashewkerne sollten Sie im Backofen sorgfältig im Auge behalten, da sie schnell anbräunen.

Fenchel-Rauke-Salat mit Orangen

Dieser leichte und erfrischende Salat ist eine ideale Beilage zu würzigen und gehaltvollen Speisen.

ZUTATEN

Für 4 Personen

2 Orangen

1 Fenchelknolle

115 g Raukeblätter

50 g schwarze Oliven

Für das Dressing

2 EL Olivenöl (Extra Vergine)

1 EL Balsamessig

1 kleine Knoblauchzehe, zerdrückt

Salz und gemahlener schwarzer Pfeffer

1 Mit dem Sparschäler dünne Schalenstreifen ohne Mark von den Orangen schälen. Schale in dünne Juliennestreifen schneiden. Einige Minuten in kochendem Wasser blanchieren, dann abgießen.

2 Orangen schälen und das gesamte weiße Mark entfernen. In dünne Ringe schneiden und die Kerne entfernen.

3 Fenchelknolle längs halbieren. Mit der Küchenmaschine und einer Hobelscheibe möglichst dünn hobeln. Man kann auch einen Küchenhobel verwenden.

4 Orangen und Fenchel in einer Salatschüssel mit der Rauke durchheben.

5 Öl, Essig, Knoblauch und Gewürze verrühren. Über den Salat geben, gut durchheben und einige Minuten ziehen lassen. Mit Oliven und Orangenzesten bestreuen und servieren.

Auberginensalat mit Zitrone und Kapern

Diese gekochte Gemüsedelikatesse passt wunderbar zu kaltem Fleisch, Nudeln oder einfach nur zu ofenfrischem Brot. Die Aubergine sollte wirklich weich gekocht sein.

ZUTATEN

Für 4 Personen

1 große Aubergine (etwa 675 g)

4 EL Olivenöl

abgeriebene Schale und Saft von 1 Zitrone

2 EL Kapern, abgespült

12 entkernte grüne Oliven

2 EL gehackte frische glatte Petersilie

Salz und gemahlener schwarzer Pfeffer

1 Die Aubergine in 2,5 cm große Würfel schneiden. Olivenöl in einer großen Bratpfanne erhitzen und die Auberginenwürfel etwa 10 Minuten unter regelmäßigem Wenden goldgelb und weich kochen. Eventuell müssen Sie sie in zwei Portionen zubereiten. Auf Küchenpapier abtropfen lassen und mit etwas Salz bestreuen.

2 Würfel in eine große Salatschüssel geben. Mit Zitronenschale und -saft, Kapern, Oliven und Petersilie durchheben und gut mit Salz und Pfeffer abschmecken. Mit Zimmertemperatur servieren.

GUTER TIPP

Dieser Salat schmeckt noch besser, wenn er am Vortag zubereitet wurde. Er hält sich abgedeckt bis zu 4 Tage im Kühlschrank.

Krautsalat mit Apfel

Krautsalatrezepte gibt es in vielen Variationen; dieses Rezept verbindet den süßen Geschmack von Äpfeln und Karotten mit dem Selleriesalz. Im englischen Sprachraum wird Krautsalat traditionell zu gekochtem Schinken serviert.

ZUTATEN

Für 4 Personen

450 g Weißkohl
1 mittelgroße Zwiebel
2 Äpfel, geschält und entkernt
175 g Karotten, geschält
150 ml Majonäse
1 TL Selleriesalz
gemahlener schwarzer Pfeffer

1 Die äußeren Kohlblätter entfernen, Kohl in 5 cm breite Spalten schneiden, dann den Strunk entfernen.

2 Kohl und Zwiebel durch die Hobelscheibe der Küchenmaschine geben. Dann die Raspelscheibe einsetzen und Äpfel und Karotten raspeln. Alternativ kann man mit Küchenreibe und -hobel arbeiten.

3 Alle Salatzutaten in eine große Salatschüssel geben. Die Majonäse unterheben und mit Selleriesalz und schwarzem Pfeffer abschmecken.

ABWANDLUNG

Einen gehaltvolleren Salat erzielt man mit 120 g geriebenem Cheddarkäse. Dabei benötigt man kleinere Portionen, weil der Käse sehr sättigend ist.

Krautsalat mit Karotten, Rosinen, Aprikosen

Hier eine leckere und farbenfrohe Abwandlung des klassischen Krautsalats mit Weißkohl, Karotten und zwei Sorten Trockenfrüchten an einem Joghurtdressing.

ZUTATEN

Für 6 Personen

350 g Weißkohl, fein gehobelt
225 g Karotten, gerieben
1 rote Zwiebel, in dünnen Streifen
3 Selleriestangen, in Scheiben geschnitten
175 g Rosinen
75 g getrocknete Aprikosen, gehackt

Für das Dressing

120 ml Majonäse
6 EL Naturjoghurt
2 EL gehackte frische gemischte Kräuter
Salz und gemahlener schwarzer Pfeffer

1 Kohl und Karotten in eine große Schüssel geben.

2 Zwiebel, Sellerie, Rosinen und Aprikosen dazugeben und gut durchheben.

3 Majonäse, Joghurt, Kräuter und Gewürze in einer kleinen Schüssel verrühren.

4 Dressing über den Salat geben und gut durchheben. Abdecken und vor dem Servieren kalt stellen.

ABWANDLUNG

Verwenden Sie einmal andere Trockenfrüchte wie Sultaninen und getrocknete Birnen und Pfirsiche anstelle der Rosinen und Aprikosen.

Fenchel-Krautsalat

Eine weitere Variante des traditionellen Krautsalats, in der die Anisnote des Fenchels eine wichtige Rolle spielt.

ZUTATEN

Für 4 Personen

175 g Fenchel
2 Frühlingszwiebeln
175 g Weißkohl
115 g Staudensellerie
175 g Karotten
50 g Sultaninen
½ TL Kümmelkörner (nach Belieben)
1 EL gehackte frische Petersilie
3 EL Olivenöl (Extra Vergine)
1 TL Zitronensaft
Frühlingszwiebelstreifen, zum Garnieren

1 Fenchel und Frühlingszwiebeln mit einem scharfen Messer in dünne Streifen schneiden.

2 Kohl, Sellerie und Karotten in dünne Streifen schneiden. Mit Fenchel und Frühlingszwiebeln in eine Salatschüssel geben. Sultaninen und Kümmel dazugeben und locker durchheben.

3 Petersilie, Olivenöl und Zitronensaft dazugeben und gründlich durchheben. Abdecken und 3 Stunden kalt stellen, damit sich die Aromen vermischen können. Mit Frühlingszwiebelstreifen garniert servieren.

ABWANDLUNG

Saure Sahne anstelle des Olivenöls ergibt ein cremigeres Dressing.

Bohnensprossen-Daikon-Salat

Hauchdünne Scheiben knackig frischer Gemüse und Bohnensprossen sind die perfekte Basis für ein ungewöhnliches asiatisches Dressing.

ZUTATEN

Für 4 Personen

225 g Bohnensprossen
1 Salatgurke
2 Karotten
1 kleiner Daikonrettich
1 kleine rote Zwiebel, in dünnen Streifen
2,5 cm frische Ingwerwurzel, geschält und in dünne Stifte geschnitten
1 kleine rote Chilischote, entkernt und in dünne Streifen geschnitten
einige frische Koriander- oder Minzeblätter

Für das asiatische Dressing

1 EL Reisweinessig
1 EL helle Sojasauce
1 EL thailändische Fischsauce
1 Knoblauchzehe, fein gehackt
1 EL Sesamöl / 3 EL Erdnussöl
2 EL Sesamkörner, leicht geröstet

1 Alle Zutaten für das Dressing in ein Schraubglas geben und kräftig schütteln. Das Dressing kann im Voraus zubereitet und einige Tage im Kühlschrank oder an einem kühlen Ort aufbewahrt werden.

2 Bohnensprossen waschen und in einem Sieb gut abtropfen lassen.

3 Die Gurke schälen, längs halbieren und entkernen. Fruchtfleisch mit dem Sparschäler oder einem Küchenhobel in dünne Scheiben hobeln.

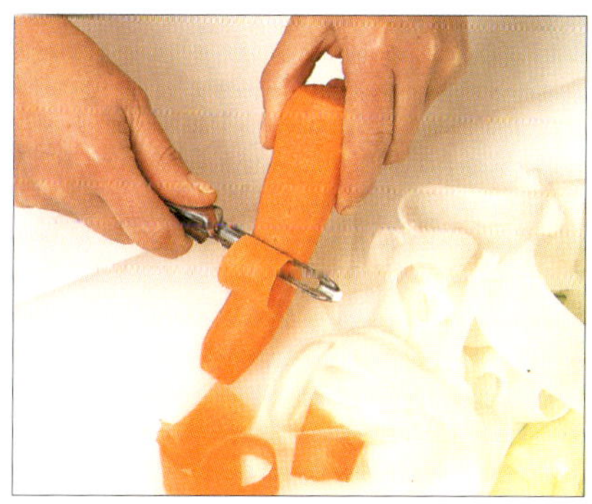

4 Karotten und Rettich auf die gleiche Weise dünn abhobeln.

5 Karotten, Rettich und Gurke in eine große, flache Schüssel geben. Zwiebel, Ingwer, Chilischote, Koriander oder Minze dazugeben und durchheben. Kurz vor dem Servieren das Dressing darüber geben.

Zatziki

Zatziki ist ein griechischer Gurkensalat mit Joghurt, Minze und Knoblauch. Er wird üblicherweise zu gegrilltem Lamm und Huhn serviert, harmoniert aber auch gut mit Lachs und Forelle.

ZUTATEN

Für 4 Personen

1 Salatgurke
1 TL Salz
3 EL fein gehackte frische Minze
1 Knoblauchzehe, zerdrückt
1 TL feiner Zucker
200 ml griechischer Joghurt
Minzezweige, zum Garnieren
Paprikapulver, zum Garnieren (nach Belieben)

1 Die Gurke schälen. Ein Stück zum Garnieren zurückbehalten und den Rest längs halbieren. Kerne mit einem Teelöffel entfernen. Gurke in dünne Scheiben schneiden und salzen. Etwa 15–20 Minuten stehen lassen. Das Salz macht die Gurke zart und zieht Bitterstoffe heraus.

2 Gehackte Minze, Knoblauch, Zucker und Joghurt in einer Schüssel miteinander verrühren.

3 Gurke in einem Sieb unter fließendem kaltem Wasser abspülen, um das Salz zu entfernen. Gut abtropfen lassen und zur Joghurtmischung geben. Mit Minzezweigen und Paprikapulver nach Wunsch garnieren.

GUTER TIPP

Falls Sie es einmal eilig haben, lassen Sie das Salz einfach weg. Die Gurke wird dann etwas bissfester sein und etwas weniger süß schmecken.

Marinierter Gurkensalat

Ein herrlich erfrischender Sommersalat mit dem köstlichen Aroma von frischem Dill.

ZUTATEN

Für 4–6 Personen

2 mittelgroße Gurken
1 EL Salz
90 g Zucker
175 g trockener Cidre (Apfelwein)
1 EL Apfelessig
3 EL gehackter frischer Dill
gemahlener schwarzer Pfeffer

1 Gurken in dünne Scheiben schneiden und mit Salz in ein Sieb schichten. Sieb über eine Schüssel stellen und 1 Stunde abtropfen lassen.

2 Gurke gründlich unter fließend kaltem Wasser abspülen, um das Salz zu entfernen, dann mit Küchenpapier trocken tupfen.

3 Langsam Zucker, Essig und Cidre in einem Topf erhitzen, bis sich der Zucker aufgelöst hat. Vom Herd nehmen und abkühlen lassen. Die Gurkenscheiben in eine Schüssel geben, mit der Cidremischung übergießen und 2 Stunden marinieren lassen.

GUTER TIPP

Dieser Salat passt hervorragend zu frischem Lachs.

4 Gurke in einem Sieb abtropfen lassen und mit Dill und Pfeffer nach Geschmack bestreuen. Dann gut durchheben und in eine Salatschüssel geben. Bis zum Servieren kalt stellen.

Blumengartensalat

Machen Sie eine bunte Mischung von Salatblättern mit einem feinen Olivenöl und frisch gepresstem Zitronensaft an und veredeln Sie sie dann mit knusprigen Crostini.

ZUTATEN

Für 4–6 Personen

3 dicke Weißbrotscheiben vom Vortag, beispielsweise italienisches Ciabatta
120 ml Olivenöl (Extra Vergine)
1 Knoblauchzehe, halbiert
½ kleiner Romanasalat
½ kleiner Eichblattsalat
25 g Raukeblätter oder Gartenkresse
25 g frische glatte Petersilie
1 kleine Hand voll junge Löwenzahnblätter
Saft von 1 Zitrone
Blätter und Blüten der Kapuzinerkresse
Stiefmütterchen- und Ringelblumenblüten
Meersalz, gemahlener schwarzer Pfeffer

1 Brotscheiben in 1 cm große Würfel schneiden.

2 Die Hälfte des Öls langsam in einer Pfanne erhitzen und die Brotwürfel unter ständigem Wenden leicht anbräunen.

3 Eine große Salatschüssel mit den Knoblauchhälften ausreiben. Knoblauch wegwerfen. Das restliche Öl in die Schüssel geben.

4 Alle Salatblätter in mundgerechte Stücke zupfen und in die Schüssel schichten. Salzen und pfeffern. Abdecken und bis zum Servieren kalt stellen.

5 Salatblätter mit dem Öl in der Schüssel durchheben, dann mit Zitronensaft besprenkeln und erneut durchheben. Blüten und Crostini darüber streuen und sofort servieren.

Spinat-Avocado-Salat

Junge, zarte Spinatblätter sind eine Abwechslung vom Blattsalat, insbesondere im Zusammenspiel mit Avocado, Cocktailtomaten und Radieschen sowie einer Tofusauce.

ZUTATEN

Für 2–3 Personen

1 große Avocado
Saft von 1 Limette
225 g junge Spinatblätter
115 g Cocktailtomaten
4 Frühlingszwiebeln, in Streifen
½ Salatgurke
50 g Radieschen, in Scheiben geschnitten

Für das Dressing

115 g weicher Tofu
3 EL Milch
2 TL Senf
½ TL Weißweinessig
Cayennepfeffer
Salz und gemahlener schwarzer Pfeffer
Radieschenrosen und frische Kräuterzweige, zum Garnieren

1 Avocado halbieren, Stein entfernen, Haut abziehen. Fruchtfleisch in Scheiben schneiden. Auf einen Teller geben, mit Limettensaft beträufeln; beiseite stellen.

2 Den Spinat waschen, trocknen und dann in eine Rührschüssel geben.

3 Größere Tomaten halbieren und sämtliche Tomaten mit den Frühlingszwiebeln in die Schüssel geben. Gurke in Stücke schneiden und mit den Radieschenscheiben in die Schüssel geben.

GUTER TIPP

Verwenden Sie weichen Tofu anstatt des festen. Er ist abgepackt in Supermärkten und Asiengeschäften erhältlich.

4 Tofu, Milch, Senf und Essig für das Dressing mit einer Prise Cayennepfeffer in die Küchenmaschine geben. Mit Salz und Pfeffer abschmecken. 30 Sekunden glatt mixen. Dressing in eine Schüssel umfüllen und nach Belieben mit etwas Milch verdünnen. Ein wenig Cayennepfeffer darüber streuen, mit Radieschenrosen und Kräuterzweigen garnieren und separat servieren. Avocadoscheiben mit dem Spinatsalat auf einem Teller anrichten.

Radieschen-Mango-Apfel-Salat

Radieschen sind das ganze Jahr erhältlich und auch dieser Salat ist mit seinen frischen Aromen und sanften Farben an keine Jahreszeit gebunden. Er passt zu Räucherfisch und zu Schinken oder Salami.

ZUTATEN

Für 4 Personen

10–15 Radieschen
1 Apfel, geschält, entkernt und in dünne Scheiben geschnitten
2 Selleriestangen, in dünnen Scheiben
1 kleine reife Mango
frische Dillzweige, zum Garnieren

Für das Dressing

120 ml saure Sahne
2 TL Sahnemeerrettich
1 EL gehackter frischer Dill
Salz und gemahlener schwarzer Pfeffer

1 Sahne, Meerrettich und Dill für das Dressing in einer kleinen Schüssel verrühren und mit etwas Salz und Pfeffer abschmecken.

2 Radieschen putzen und in dünne Scheiben schneiden. Mit Apfel und Sellerie in eine Schüssel geben.

3 Mango um den Stein herum halbieren. Jede Seite gleichmäßig kreuzförmig einschneiden und nach außen stülpen, um die Würfel zu trennen. Würfel mit einem kleinen Messer ablösen und in die Schüssel geben. Dressing über den Salat geben und vorsichtig durchheben, um alle Zutaten zu überziehen. Mit Dillzweigen garnieren und servieren.

Mango-Tomaten-Zwiebel-Salat

Die unterreife Mango harmoniert hier gut mit der Tomate.

ZUTATEN

Für 4 Personen

1 feste unterreife Mango
2 große Tomaten oder 1 Fleischtomate, in Scheiben geschnitten
½ rote Zwiebel, in Ringe geschnitten
½ Salatgurke, geschält und in dünne Scheiben geschnitten

Für das Dressing

2 EL Sonnenblumen- oder Pflanzenöl
1 EL Zitronensaft
1 Knoblauchzehe, zerdrückt
½ TL scharfe Chilisauce
Salz und gemahlener schwarzer Pfeffer
Schnittlauchstückchen, zum Garnieren

1 Mango um den Stein herum halbieren. Fruchtfleisch in Scheiben schneiden und die Haut abziehen.

2 Mango, Tomaten, Zwiebel und Gurke auf einem großen Teller anrichten.

3 Öl, Zitronensaft, Knoblauch, Chilisauce und Gewürze in der Küchenmaschine miteinander vermischen oder in ein Schraubglas geben und kräftig schütteln.

4 Dressing über den Salat geben und mit Schnittlauch garniert servieren.

Orangen-Wasserkastanien-Salat

Hier finden knackige Wasserkastanien auf ungewöhnliche Weise mit Radicchioblättern und Orangen zusammen.

ZUTATEN

Für 4 Personen

1 mittelgroße rote Zwiebel, in dünne Ringe geschnitten
2 Orangen, geschält und filetiert
1 Dose Wasserkastanien, abgetropft, geschält und in Streifen geschnitten
2 Radicchioköpfe, Blätter getrennt
3 EL gehackte frische Petersilie
3 EL gehacktes frisches Basilikum
1 EL Weißweinessig
50 ml Walnussöl
Salz und gemahlener schwarzer Pfeffer
1 frischer Basilikumzweig, zum Garnieren

1 Zwiebel in einem Sieb mit 1 TL Salz bestreuen und 15 Minuten abtropfen lassen.

2 Orangen und Wasserkastanien in eine große Rührschüssel geben.

3 Radicchioblätter in einer großen, flachen Schüssel oder auf einem großen Teller ausbreiten.

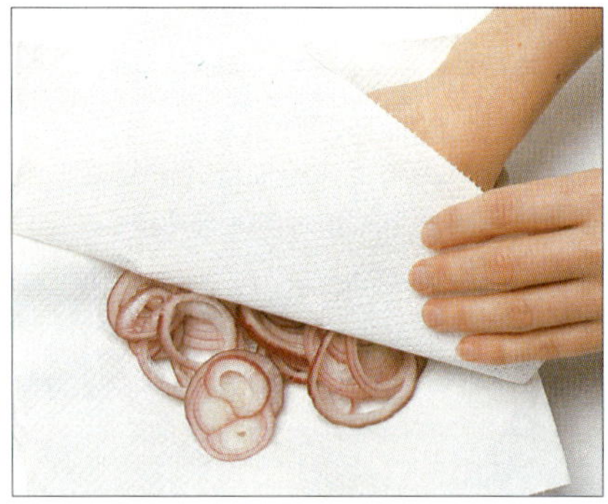

4 Salz von der Zwiebel spülen und mit Küchenpapier trocken tupfen. Mit den Wasserkastanien und Orangen durchheben.

5 Salatmischung auf den Radicchioblättern anrichten. Mit Petersilie und Basilikum bestreuen.

6 Essig, Öl, Salz und Pfeffer in ein Schraubglas geben und kräftig schütteln. Dressing über den Salat geben und sofort mit einem Basilikumzweig garniert servieren.

Krautsalat mit Pesto-Majonäse

Sowohl Pesto als auch Majonäse können selbst gemacht werden. Wenn Sie aber in Eile sind, können Sie auch zu Fertigprodukten greifen. Geben Sie das Dressing erst kurz vor dem Servieren hinzu, damit der Salat knackig bleibt.

ZUTATEN

Für 4–6 Personen

1 kleiner oder ½ mittelgroßer Weißkohl
3–4 Karotten, gerieben
4 Frühlingszwiebeln, in dünnen Streifen
25–40 g Pinienkerne
1 EL gehackte frische gemischte Kräuter wie Petersilie, Basilikum, Kerbel

Für die Pesto-Majonäse

1 Eigelb
etwa 2 TL Zitronensaft
200 ml Sonnenblumenöl
2 TL Pesto
4 EL Naturjoghurt
Salz und gemahlener schwarzer Pfeffer

1 Eigelb für die Majonäse in den Mixer geben und mit dem Zitronensaft verschlagen. Bei laufender Maschine langsam das Öl zugeben und die Geschwindigkeit erhöhen, sobald die Majonäse emulgiert.

2 Mit Salz, Pfeffer und etwas Zitronensaft abschmecken. Alternativ kann die Majonäse mit dem Schneebesen geschlagen werden.

3 5 EL Majonäse in eine Schüssel geben und mit Pesto und Joghurt zu einem recht dünnflüssigen Dressing verschlagen.

4 Äußere Blätter des Kohls entfernen. Kohl mit der Küchenmaschine oder einem Messer in dünne Streifen schneiden; in eine große Salatschüssel geben.

5 Karotten, Frühlingszwiebeln, Pinienkerne und Kräuter hinzugeben und gründlich mit den Händen durchheben. Dressing über den Salat geben oder in einer separaten Schüssel servieren.

Paprika-Gurken-Salat

Die Zutaten werden hier durch reichlich frische Kräuter veredelt.

ZUTATEN

Für 4 Personen

1 gelbe oder rote Paprikaschote
1 große Gurke
4–5 Tomaten
1 Bund Frühlingszwiebeln
2 EL frische Petersilie
2 EL frische Minze
2 EL frischer Koriander
2 Pitabrote, zum Servieren

Für das Dressing

2 Knoblauchzehen, zerdrückt
5 EL Olivenöl
Saft von 2 Zitronen
Salz und gemahlener schwarzer Pfeffer

1 Paprikas entkernen und in Streifen schneiden. Gurke und Tomaten grob würfeln. In eine große Salatschüssel geben.

2 Die Frühlingszwiebeln putzen und in Scheiben schneiden. Zu Gurke, Tomaten und Paprika geben. Petersilie, Minze und Koriander fein hacken und in die Schüssel geben. Die Menge darf ruhig großzügig bemessen sein.

3 Knoblauch, Olivenöl und Zitronensaft für das Dressing in einem Schraubglas mischen und mit Salz und Pfeffer abschmecken. Über den Salat geben und sanft durchheben.

4 Pitabrote im Toaster oder Backofengrill knusprig toasten und zum Salat servieren.

ABWANDLUNG

Sie können diesen orientalischen Salat auch auf traditionelle Weise zubereiten. Zerbröseln Sie dazu die getoasteten Brote mit den Händen und streuen Sie sie vor dem Servieren über den Salat.

Guacamole-Salsa im Salatkorb

Diese leichte, sommerliche Vorspeise wirkt besonders schön in Körbchen aus Radicchioblättern. Servieren Sie dazu warmes Knoblauchbrot.

ZUTATEN

Für 4 Personen

2 Tomaten
1 EL geriebene Zwiebel
1 grüne Chilischote, halbiert, entkernt und gehackt
2 reife Avocados
2 EL Olivenöl
½ TL gemahlener Kümmel
2 EL gehackter frischer Koriander oder Petersilie
Saft von 1 Limette
Radicchioblätter
Salz und gemahlener schwarzer Pfeffer
frische Korianderzweige, zum Garnieren
knuspriges Knoblauchbrot und Limettenspalten, zum Garnieren

1 Tomaten mit einem scharfen Messer kreuzförmig einschneiden und für 30 Sekunden in eine Schüssel mit kochendem Wasser geben. Die Haut lässt sich dann leicht abziehen. Tomaten entkernen und hacken.

2 Tomatenfleisch mit Zwiebel, Knoblauch und Chili in eine Schüssel geben. Avocados halbieren, Kerne auslösen, Fruchtfleisch in die Schüssel löffeln und mit einer Gabel zerdrücken.

3 Öl, Kümmel, Koriander oder Petersilie und Limettensaft dazugeben. Mischen und würzen.

4 Radicchioblätter auf einem Teller anrichten und die Salsa hinein löffeln. Mit Korianderzweigen garniert zu Knoblauchbrot und Limettenspalten servieren.

Thailändischer Obst- und Gemüsesalat

Ein erfrischender Salat, der mit einem speziellen Kokosdip serviert wird.

ZUTATEN

Für 4–6 Personen

1 kleine Ananas
1 kleine Mango, geschält und in Spalten geschnitten
1 grüner Apfel, entkernt, in Scheiben
6 Litschis, geschält und entkernt
115 g grüne Bohnen, geputzt und halbiert
1 mittelgroße rote Zwiebel, in Scheiben geschnitten
1 kleine Salatgurke, in kurze Stifte geschnitten
115 g Bohnensprossen
2 Frühlingszwiebeln, in Scheiben geschnitten
1 reife Tomate, geviertelt
225 g Romana- oder Eisbergsalatblätter

Für den Kokosdip

2 EL Kokossahne
2 EL Zucker
5 EL kochendes Wasser
1/4 TL Chilisauce
1 EL thailändische Fischsauce
Saft von 1 Limette

1 Kokossahne, Zucker und kochendes Wasser für den Dip in ein Schraubglas geben. Chili- und Fischsauce sowie den Limettensaft dazugeben und schütteln.

2 Ananas mit einem Sägemesser an beiden Enden kappen und schälen. Die Mitte mit einem Fruchtentkerner ausstechen. Alternativ kann man die Ananas vierteln und den Kern mit einem Messer abschneiden. Ananas grob würfeln und mit dem übrigen Obst auf die Seite stellen.

3 Salzwasser in einem kleinen Topf zum Kochen bringen und die Bohnen darin 3–4 Minuten blanchieren. Unter fließend kaltem Wasser abschrecken und auf die Seite stellen. Obst und Gemüse in kleinen Häufchen in einer weiten, flachen Schüssel anrichten. Den Kokosdip in einer eigenen Schale dazu reichen.

Süßer Gurkendip

Süße Dipsaucen wie diese bringen sofortige Erleichterung bei den sehr scharfen Chiliaromen der thailändischen Küche.

ZUTATEN

Ergibt etwa 120 ml

5 EL Wasser
2 EL Zucker
1/2 TL Salz
1 EL Reis- oder Weißweinessig
1/4 kleine Salatgurke
2 Schalotten oder 1 kleine rote Zwiebel

1 Die Gurke mit einem kleinen, scharfen Messer in dünne Scheiben schneiden, dann die Scheiben vierteln. Die Schalotten oder Zwiebel in dünne Scheiben schneiden.

2 Wasser, Zucker, Salz und Essig in einem Edelstahl- oder Emailletopf zum Kochen bringen und knapp 1 Minute köcheln lassen, bis der Zucker aufgelöst ist.

3 Abkühlen lassen. Gurke und Schalotten oder Zwiebel hinzugeben und bei Zimmertemperatur servieren.

Dreifarbiger Salat

Dieser Salat kann als einfache Vorspeise oder auch als Teil eines leichten Bufetts serviert werden. Im Zusammenspiel mit ein wenig Salz kreieren die Tomaten mit ihrem Saft auf natürliche Weise ihr eigenes Dressing.

ZUTATEN

Für 4–6 Personen

1 kleine rote Zwiebel, in dünnen Ringen
6 große aromatische Tomaten
Olivenöl (Extra Vergine), zum Beträufeln
50 g Rauke- oder Brunnenkresseblätter, grob gehackt
175 g Mozzarellakäse, in dünne Scheiben geschnitten oder gerieben
2 EL Pinienkerne (nach Belieben)
Salz und gemahlener schwarzer Pfeffer

1 Zwiebelringe 30 Minuten in kaltem Wasser einlegen, abgießen und trocken tupfen. Tomaten kreuzförmig einschneiden und 30 Sekunden mit kochendem Wasser bedecken: Die Haut lässt sich dann sehr leicht abziehen.

2 Tomaten in Scheiben schneiden und die Hälfte auf einem großen Teller oder mehreren kleinen Tellern anrichten.

3 Großzügig mit Olivenöl beträufeln, dann abwechselnd mit Rauke- oder Brunnenkresseblättern, Zwiebelringen und Käsescheiben schichten. Jede Schicht mit Öl beträufeln und gut würzen.

4 Zum Schluss erneut würzen und ölen und nach Wunsch mit Pinienkernen bestreuen. Den Salat abdecken und vor dem Servieren mindestens 2 Stunden kalt stellen.

Thunfischsalat »Toskana« mit Bohnen

Ein köstlicher Salat, der sich mit Zutaten aus der Speisekammer im Handumdrehen zubereiten lässt. Mit knusprigem Brot ist er sogar als eine eigene Mahlzeit geeignet.

ZUTATEN

Für 4 Personen

1 rote Zwiebel
2 EL Dijon-Senf
300 ml Olivenöl
4 EL Weißweinessig
2 EL gehackte frische Petersilie
2 EL gehackter frischer Schnittlauch
2 EL gehackter frischer Estragon oder Kerbel
400 g weiße Bohnen
400 g Kidneybohnen
225 g Thunfisch in Öl, abgetropft, zerpflückt
frische Schnittlauchhalme und Estragonzweige, zum Garnieren

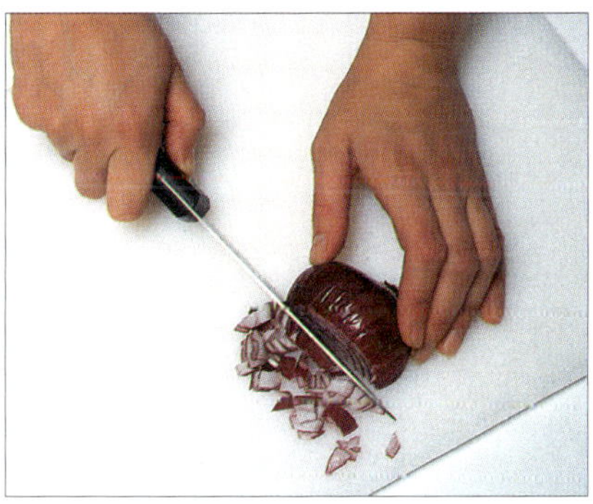

1 Zwiebel mit einem scharfen Messer fein hacken.

2 Senf, Öl, Essig, Petersilie, Schnittlauch und Estragon oder Kerbel für das Dressing miteinander verschlagen.

3 Bohnen in ein Sieb abgießen und unter fließend kaltem Wasser abspülen.

4 Zwiebel, Bohnen und Dressing gründlich verrühren, dann vorsichtig den Thunfisch unterheben. Mit Schnittlauch und Estragonzweigen garnieren und servieren.

Raukesalat mit Birnen und Parmesan

Dieser schlichte Salat mit honigsüßen Birnen, Parmesan und aromatischen Raukeblättern ist ein raffinierter Einstieg für ein großes Diner.

ZUTATEN

Für 4 Personen

3 reife Birnen (Williams oder Packham)
2 TL Zitronensaft
3 EL Haselnuss- oder Walnussöl
115 g Raukeblätter
75 g Parmesankäse am Stück
gemahlener schwarzer Pfeffer

1 Birnen schälen, entkernen und in dicke Scheiben schneiden. Mit Zitronensaft befeuchten, um ein Anbräunen zu verhindern.

2 Haselnuss- und Walnussöl über die Birnen geben. Die Raukeblätter dazugeben und durchheben.

3 Den Salat auf vier kleine Teller verteilen und gehobelten Parmesan darüber geben. Mit Pfeffer bestreuen und servieren.

GUTER TIPP

Der Parmesan ist hier eine köstliche Hauptzutat. Kaufen Sie ein frisches Stück und hobeln Sie es mit dem Sparschäler ab. Der Geschmack ist recht kräftig. Bewahren Sie den Rest des Stücks unabgedeckt im Kühlschrank auf.

Tomaten-Feta-Salat

Selten schmecken süße, sonnengereifte Tomaten besser als in dieser Kombination mit Fetakäse und Olivenöl.

ZUTATEN

Für 4 Personen

900 g Tomaten
200 g Fetakäse
120 ml Olivenöl
12 schwarze Oliven
4 frische Basilikumzweige
gemahlener schwarzer Pfeffer

1 Den harten Stielansatz der Tomaten mit einem kleinen, scharfen Messer entfernen.

2 Tomaten in dicke Scheiben schneiden und dekorativ auf einem flachen Teller anrichten.

3 Feta über die Tomaten krümeln, mit Öl besprenkeln und mit Oliven und Basilikumzweigen belegen. Nach Geschmack pfeffern; bei Zimmertemperatur servieren.

GUTER TIPP

Fetakäse hat ein kräftiges, manchmal salziges Aroma. Die weniger salzigen Sorten kommen aus Griechenland und der Türkei und sind in spezialisierten Lebensmittelläden erhältlich.

WARM ZUBEREITETE SALATE

Einfacher warmer Salat

Diese Abwandlung eines beliebten mediterranen Rezepts wird als Beilage zu einem Hauptgericht serviert.

ZUTATEN

Für 4 Personen

2 aromatische Tomaten, geviertelt

2 Zwiebeln, gehackt

½ Salatgurke, längs halbiert, entkernt und in Scheiben geschnitten

1 grüne Paprikaschote, halbiert, entkernt und gewürfelt

Für das Dressing

2 EL Zitronensaft

3 EL Olivenöl

2 Knoblauchzehen, zerdrückt

2 EL gehackter frischer Koriander

Salz und gemahlener schwarzer Pfeffer

1 Tomaten, Zwiebel, Gurke und Paprika mit 4 EL Wasser in einem großen Topf erhitzen und 5 Minuten köcheln lassen. Abkühlen lassen.

2 Zitronensaft, Olivenöl und Knoblauch für das Dressing vermischen. Gemüse abgießen und in eine Salatschüssel geben. Das Dressing darüber geben, salzen und pfeffern und mit Koriander durchheben. Sofort mit Korianderzweigen garniert servieren.

Artischockensalat süß-sauer

Dieser köstliche Salat lebt von der Kombination aus süß-saurer Sauce und leicht gekochtem Sommergemüse.

ZUTATEN

Für 4 Personen

6 kleine Artischocken
Saft von 1 Zitrone
2 EL Olivenöl
2 mittelgroße Zwiebeln, grob gehackt
175 g frische oder TK-Bohnen (Gewicht nach dem Schälen)
175 g frische oder TK-Erbsen (Gewicht nach dem Schälen)
Salz und gemahlener schwarzer Pfeffer
frische Minzeblätter, zum Garnieren

Für die süß-saure Sauce

120 ml Weißweinessig
1 EL Zucker
1 Hand voll frische Minzeblätter, grob gezupft

1 Äußere Blätter der Artischocken abziehen und wegwerfen. Artischocken vierteln und mit Wasser und dem Zitronensaft in eine Schüssel geben.

2 Olivenöl in einem großen Topf erhitzen und Zwiebeln goldbraun andünsten. Bohnen zugeben und umrühren. Artischocken abgießen und in den Topf geben. 300 ml Wasser dazugeben und abgedeckt 10–15 Minuten kochen lassen.

3 Erbsen zugeben, salzen und pfeffern und weitere 5 Minuten unter gelegentlichem Rühren kochen, bis das Gemüse zart ist. In ein Sieb abgießen und das gesamte Gemüse in eine Schüssel geben. Abkühlen lassen, dann abdecken und kalt stellen.

4 Alle Zutaten für die süß-saure Sauce in einen Topf geben und 2–3 Minuten erhitzen, bis sich der Zucker aufgelöst hat. Etwa 5 Minuten unter gelegentlichem Rühren leicht köcheln lassen. Abkühlen lassen. Sauce zum Servieren über den Salat träufeln und den Salat mit Minzeblättern garnieren.

Tomatensalat mit Bohnen und Bohnenkraut

Bohnen und Bohnenkraut gehören einfach zusammen. In diesem Salat treffen sie auf reife Tomaten und ergeben so eine herrliche Beilage zu kaltem Fleisch.

ZUTATEN

Für 4 Personen

450 g grüne Bohnen
1 kg reife Tomaten
3 Frühlingszwiebeln, in breite Scheiben geschnitten
1 EL Pinienkerne
4 frische Bohnenkrautzweige

Für das Dressing

2 EL Olivenöl (Extra Vergine)
Saft von 1 Limette
75 g Dolcelattekäse
1 Knoblauchzehe, geschält und zerdrückt
Salz und gemahlener schwarzer Pfeffer

1 Das Dressing zuerst zubereiten, so dass es ziehen kann. Alle Zutaten dafür in den Mixer geben, nach Geschmack würzen und mixen, bis der Käse fein gehackt und die Sauce sämig ist. In einen Krug umfüllen.

2 Die Bohnen putzen und in Salzwasser kochen, bis sie gerade gar sind.

3 Bohnen abgießen und mit kaltem Wasser abschrecken, bis sie vollständig abgekühlt sind. Tomaten in Scheiben schneiden; kleine Tomaten vierteln.

4 Bohnen mit Tomaten und Frühlingszwiebeln durchheben. Mit Dressing übergießen, mit Pinienkernen und Bohnenkraut bestreuen und servieren.

Patissons à la Grecque

Dieses üblicherweise mit Champignons zubereitete Gericht empfiehlt sich auch für Sommerkürbisse. Die Kürbisse müssen zart gekocht sein, damit sie die köstlichen Aromen der Marinade aufnehmen können.

ZUTATEN

Für 4 Personen

175 g Patissons (Sommerkürbisse)
250 ml Weißwein
Saft von 2 Zitronen
1 frischer Thymianzweig
1 Lorbeerblatt
1 kleiner Bund frischer Kerbel, grob gehackt
¼ TL zerdrückte Korianderkörner
¼ TL zerdrückte schwarze Pfefferkörner
5 EL Olivenöl
Lorbeerblätter (zusätzlich), zum Garnieren

1 Kürbisse 3 Minuten in kochendem Wasser blanchieren, dann in kaltem Wasser abschrecken.

2 Übrige Zutaten in einen Topf geben, 150 ml Wasser zugeben und abgedeckt 10 Minuten köcheln lassen. Die Kürbisse dazugeben und 10 Minuten kochen lassen, bis sie gar sind. Mit dem Schaumlöffel heraus nehmen.

3 Flüssigkeit 10 Minuten einkochen lassen. Durch ein Sieb über die Kürbisse gießen. Abkühlen lassen, damit die Aromen ins Kürbisfleisch einziehen können. Kalt, mit Lorbeerblättern garniert, servieren.

Warmer Bohnensalat mit Fetakäse

Dieses Medley frischer Salatzutaten schmeckt warm oder kalt, als Vorspeise oder auch als Beilage zu einem Hauptgericht.

ZUTATEN

Für 4–6 Personen

900 g dicke Bohnen, geschält, oder 350 g geschälte TK-Bohnen
4 EL Olivenöl
175 g frische Eiertomaten, je nach Größe halbiert oder geviertelt
4 Knoblauchzehen, zerdrückt
115 g fester Fetakäse, gewürfelt
3 EL gehackter frischer Dill
12 schwarze Oliven
Salz und gemahlener schwarzer Pfeffer
gehackter frischer Dill, zum Garnieren

1 Bohnen in Salzwasser gar kochen. Abgießen und auf die Seite stellen.

2 In der Zwischenzeit Olivenöl in einer schweren Pfanne erhitzen und Tomaten und Knoblauch anbraten, bis die Tomaten die Farbe wechseln.

3 Feta in die Pfanne geben und Zutaten 1 Minute durchrühren. Mit Bohnen, Oliven, Salz und Pfeffer durchheben. Mit gehacktem Dill garniert servieren.

GUTER TIPP

Die süß und voll aromatisch schmeckenden Eiertomaten sind sowohl frisch als auch in der Dose erhältlich. Ihre tiefrote, ovale Form schmückt viele Salate.

Halloumi-Trauben-Salat

Für diesen Salat wird der feste, salzige Halloumikäse gebraten und mit süß-saftigen Trauben vereint, die hervorragend zu seinem einzigartigen Geschmack passen.

ZUTATEN

Für 4 Personen

150 g grüne Blattsalatmischung
75 g kernlose grüne Trauben
75 g kernlose schwarze Trauben
250 g Halloumikäse
3 EL Olivenöl
frische junge Thymianblätter oder frischer Dill, zum Garnieren

Für das Dressing

4 EL Olivenöl
1 EL Zitronensaft
½ TL Zucker
1 EL gehackter frischer Thymian oder Dill
Salz und gemahlener schwarzer Pfeffer

1 Olivenöl, Zitronensaft und Zucker für das Dressing verrühren. Mit Salz und Pfeffer abschmecken. Gehackten Thymian oder Dill einrühren und auf die Seite stellen.

2 Salatblätter mit grünen und schwarzen Trauben durchheben und auf einen großen Teller geben.

3 Den Käse in dünne Scheiben schneiden. Öl in einer großen Pfanne erhitzen und den Käse kurz von einer Seite goldgelb anbraten. Käse mit dem Pfannenwender wenden und von der anderen Seite anbraten.

4 Käsescheiben auf dem Salat anrichten. Mit Dressing übergießen und mit frischen Thymian- oder Dillzweigen garnieren.

Raukesalat mit gegrilltem Ziegenkäse

Verwenden Sie für diesen Salat Ziegenkäse in Rollen, die sich in 50 g-Scheiben halbieren lassen. Servieren Sie ihn als Vorspeise oder als leichtes Mittagessen.

ZUTATEN

Für 4 Personen

1 EL Olivenöl
1 EL Pflanzenöl
4 Baguettescheiben

Für das Dressing

3 EL Walnussöl
1 EL Zitronensaft
225 g Ziegenkäse in Rollen
mehrere Hand voll Raukeblätter
115 g Endivienblätter
Salz und gemahlener schwarzer Pfeffer

Für die Sauce

3 EL Aprikosenmarmelade
4 EL Weißwein
1 TL Dijon-Senf

1 Öle in der Pfanne erhitzen und die Baguettes von einer Seite hellgold anrösten. Auf einen mit Küchenpapier ausgelegten Teller geben.

2 Marmelade für die Sauce in einem kleinen Topf erhitzen, aber nicht kochen. Durch ein Sieb in einen sauberen Topf seihen, um Fruchtstücke zurück zu halten; dann mit Weißwein und Senf verrühren. Sanft erhitzen und bis zum Servieren warm stellen.

3 Walnussöl und Zitronensaft verrühren und mit ein wenig Salz und Pfeffer würzen.

4 Grill einige Minuten vor dem Servieren vorheizen. Ziegenkäse in 50 g-Scheiben schneiden und jede Scheibe auf die ungeröstete Seite einer Baguettescheibe legen. 3–4 Minuten grillen, bis der Käse zerläuft.

5 Rauke- und Endivienblätter mit dem Dressing durchheben und dekorativ auf vier Salattellern anrichten. Gegrillte Käsecroûtons darauf legen, mit Sauce übergießen und servieren.

Russischer Salat

Der Russische Salat war in den 1920er und 1930er Jahren der Hit in den internationalen Hotelküchen. Ursprünglich bestand er aus leicht gekochtem Gemüse, Ei, Muscheln und Majonäse. Heute ist der Russische Salat fertig abgepackt im Supermarkt erhältlich.

ZUTATEN

Für 4 Personen

115 g große Knopfchampignons
120 ml Majonäse
1 EL Zitronensaft
350 g geschälte gekochte Garnelen
1 große Gewürzgurke, gewürfelt, oder 2 EL Kapern
115 g dicke Bohnen (Schälgewicht)
115 g kleine neue Kartoffeln, geschrubbt oder geschabt
115 g junge Karotten, geputzt und geschält
115 g Babymaiskolben
115 g junge weiße Rüben, geputzt
1 EL Olivenöl
4 Eier, hart gekocht und geschält
25 g Sardellenfilets, abgetropft und in dünne Streifen geschnitten
Paprikapulver
Salz und gemahlener schwarzer Pfeffer

1 Champignons in dünne Scheiben, dann in Stifte schneiden. Majonäse und Zitronensaft verrühren. Unter die Pilze ziehen, dann Garnelen und Gurke oder Kapern hinzufügen und nach Geschmack würzen.

2 Salzwasser in einem großen Topf zum Kochen bringen und Bohnen 3 Minuten blanchieren. Abgießen und unter fließendem Wasser abkühlen; dann zwischen Daumen und Zeigefinger klemmen, um sie aus der harten Haut zu pressen.

3 Die Kartoffeln 15 Minuten, das übrige Gemüse 6 Minuten kochen. Abgießen und unter fließendem Wasser abkühlen. Das Gemüse mit Öl durchheben und auf vier flache Schalen verteilen.

4 Garnelenmischung darüber geben; ein hart gekochtes Ei in die Mitte setzen. Ei mit Sardellenstreifen garnieren, mit Paprikapulver bestreuen und servieren.

Pochierte Eier mit Croûtons

Weich pochierte Eier, pikante Knoblauchcroûtons und frische, knackige Salatblätter ergeben hier eine hinreißende Kombination.

ZUTATEN

Für 2 Personen

½ kleines Weißbrot / 2 Eier
5 EL Olivenöl (Extra Vergine)
115 g Blattsalatmischung
2 Knoblauchzehen, zerdrückt
½ EL Weißweinessig
25 g Parmesankäse am Stück
gemahlener schwarzer Pfeffer

1 Brotrinde abschneiden. Brot in 2,5 cm große Würfel schneiden.

2 2 EL des Öls in einer Pfanne erhitzen. Brotwürfel unter gelegentlichem Wenden 5 Minuten goldbraun anrösten.

3 In der Zwischenzeit Wasser zum Kochen bringen. Die Eier vorsichtig einzeln hinein gleiten lassen. Eier 4 Minuten sanft pochieren, bis sie weich gekocht sind.

4 Salatblätter auf zwei Teller verteilen. Die Croûtons aus der Pfanne nehmen und auf den Blättern anrichten. Die Pfanne mit Küchenpapier säubern.

5 Restliches Öl in der Pfanne erhitzen und Knoblauch und Essig 1 Minute bei starker Hitze kochen. Dressing warm über den Salat geben.

6 Ein pochiertes Ei auf jeden Salat geben. Mit gehobeltem Parmesan und etwas schwarzem Pfeffer bestreuen.

GUTER TIPP

Vor dem Pochieren kann man einen Spritzer Essig ins Wasser geben. Das hält das Eiweiß zusammen.

Eine schöne Ei-Form erreicht man, indem man das Wasser vor dem Pochieren durch Rühren in Drehung versetzt.

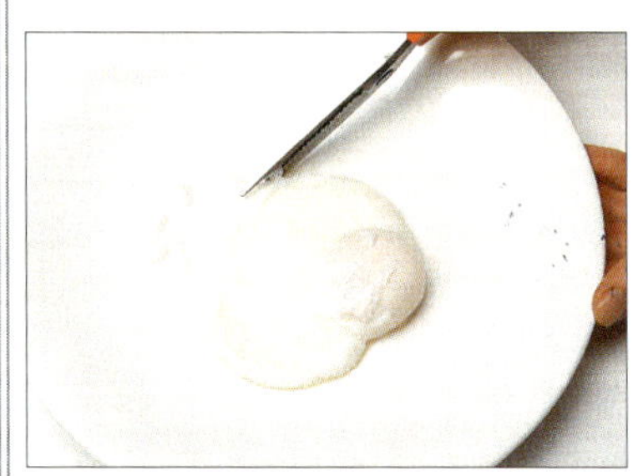

Vor dem Servieren die Ränder der Eier sauber abschneiden.

Paprika-Tomaten-Salat

Ein köstliches Rezept aus einer perfekten Kombination verschiedener Rottöne. Reichen Sie dieses Gericht bei Zimmertemperatur zu einem grünen Salat.

ZUTATEN

Für 4 Personen

3 rote Paprikaschoten
6 große Eiertomaten
½ TL getrocknete zerstoßene Chilischoten
1 rote Zwiebel, in dünne Streifen geschnitten
3 Knoblauchzehen, fein gehackt
abgeriebene Schale und Saft von 1 Zitrone
3 EL gehackte frische glatte Petersilie
2 EL Olivenöl (Extra Vergine)
Salz und gemahlener schwarzer Pfeffer
schwarze und grüne Oliven und gehackte glatte Petersilie, zum Garnieren

1 Backofen auf 220 °C (Gasherd: Stufe 7) vorheizen. Paprika auf ein Backblech legen und 10 Minuten unter gelegentlichem Wenden backen, bis die Haut fast schwarz ist. Tomaten auf das Blech geben und weitere 5 Minuten backen.

2 Paprika in einen Gefrierbeutel geben und locker verschließen, um den Dampf darin zu halten. Mit den Tomaten zum Abkühlen auf die Seite stellen.

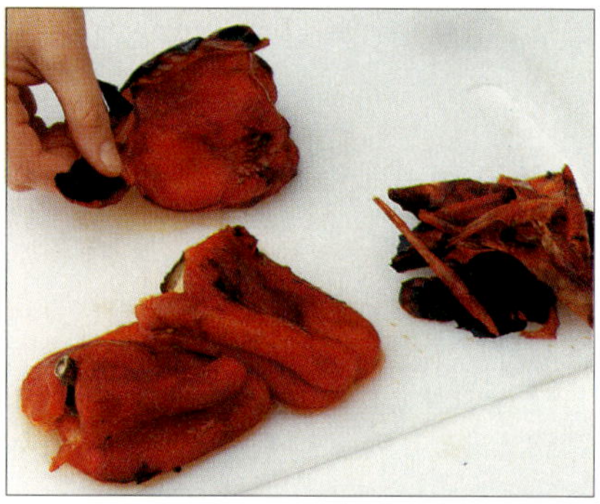

3 Vorsichtig die Haut der Paprika abziehen. Kerne und Stege entfernen, dann Paprika und Tomaten grob hacken und in eine Rührschüssel geben.

4 Chilis, Zwiebel, Knoblauch und Zitronenschale und -saft zugeben. Mit Petersilie bestreuen. Gut durchheben und in eine Salatschüssel umfüllen. Leicht salzen und pfeffern, mit Olivenöl besprenkeln und mit Oliven und Petersilie bestreuen. Bei Zimmertemperatur servieren.

Marinierte Zucchini

Ein schlichtes Gemüsegericht aus den besten Zucchini. Es kann heiß oder kalt gegessen werden.

ZUTATEN

Für 4 Personen

4 Zucchini
4 EL Olivenöl (Extra Vergine)
2 EL gehackte frische Minze
2 EL Weißweinessig
Salz und gemahlener schwarzer Pfeffer
frische Minzeblätter, zum Garnieren
italienisches Vollkornbrot und grüne Oliven, zum Servieren

1 Zucchini in dünne Scheiben schneiden. 2 EL Öl in einer großen, schweren Pfanne erhitzen. Zucchini in mehreren Portionen 4–6 Minuten braten, bis sie zart und an den Rändern braun sind. In eine Schüssel geben und gut würzen.

2 Restliches Öl in der Pfanne erhitzen, Minze und Essig hinein geben und einige Sekunden köcheln lassen; dann über die Zucchini geben. 1 Stunde marinieren lassen. Mit Minzeblättern garniert zu Brot und Oliven servieren.

Grüne Bohnen und rote Paprika

Hier ein wahres Feuerwerk aus Farben und Aromen mit einem Schuss scharfer Chili.

ZUTATEN

Für 4 Personen

350 g gekochte grüne Bohnen, geviertelt
2 rote Paprikaschoten, entkernt, gewürfelt
2 Frühlingszwiebeln (weiße und grüne Teile), gehackt
1 oder mehr sauer eingelegte Serrano-Chilis, abgespült, entkernt und gehackt
1 Eisbergsalat, grob gehobelt, oder Blattsalatmischung
grüne Oliven, zum Garnieren

Für das Dressing

3 EL Rotweinessig
135 ml Olivenöl
Salz und gemahlener schwarzer Pfeffer

1 Grüne Bohnen, Paprika, Frühlingszwiebeln und Chilis in einer Salatschüssel mischen.

2 Essig für das Dressing in eine Schüssel geben. Salzen und pfeffern, dann nach und nach Olivenöl darüber gießen und gründlich verschlagen.

3 Dressing über den Salat geben und sanft durchheben, bis alle Zutaten überzogen sind.

4 Einen großen Salatteller mit Salatblättern auslegen und die Gemüsemischung dekorativ darauf anrichten. Mit Oliven garnieren und servieren.

»Grüner Grünsalat«

Sie können dieses leckere Gericht zu jeder Jahreszeit auch mit Tiefkühlgemüse zubereiten.

ZUTATEN

Für 4 Personen

175 g geschälte dicke Bohnen
115 g grüne Bohnen, geviertelt
115 g Zuckerschoten
8–10 kleine frische Minzeblätter
3 Frühlingszwiebeln, gehackt

Für das Dressing

4 EL grünes Olivenöl
1 EL Apfelessig
1 EL gehackte frische Minze
1 Knoblauchzehe, zerdrückt
Salz und gemahlener schwarzer Pfeffer

1 Dicke Bohnen in einen Topf mit kochendem Wasser geben und aufkochen lassen. Sofort vom Herd nehmen und in kaltes Wasser geben. Abgießen. Prozedur mit den grünen Bohnen wiederholen.

2 Dicke und grüne Bohnen in einer Schüssel mit rohen Zuckerschoten, Minzeblättern und Frühlingszwiebeln mischen.

3 In einer weiteren Schüssel Olivenöl, Essig, gehackte oder getrocknete Minze, Knoblauch und Gewürze mischen. Über den Salat geben und gut durchheben. Bis zum Servieren kalt stellen.

GUTER TIPP

Tiefgekühlte dicke Bohnen sind zwar ein guter Ersatz, aber für diesen Salat lohnt es sich, frische Bohnen zu schälen.

Lauch-Eier-Salat

Der glatte Lauch schmeckt besonders gut warm zu einer kräftigen Sauce aus Petersilie, Olivenöl und Walnüssen. Servieren Sie den Salat als Beilage zu gegrilltem oder gedämpftem Fisch und zu neuen Kartoffeln.

ZUTATEN

Für 4 Personen

675 g junger Lauch
1 Ei
frische Petersilienzweige, zum Garnieren

Für das Dressing

25 g frische Petersilie
2 EL Olivenöl
Saft von ½ Zitrone
50 g Walnussstücke, geröstet
1 TL Zucker
Salz und gemahlener schwarzer Pfeffer

1 Salzwasser in einem Topf zum Kochen bringen. Lauch in 10 cm lange Stücke schneiden und gründlich waschen. 8 Minuten kochen. Abgießen und kurz unter fließendem Wasser abkühlen.

2 Ei 12 Minuten hart kochen. Unter fließendem Wasser abschrecken, schälen und auf die Seite stellen.

3 Petersilie für das Dressing in der Küchenmaschine fein hacken.

4 Olivenöl, Zitronensaft und Walnüsse dazugeben und 1–2 Minuten glatt mixen.

5 Die Konsistenz des Dressings mit 6 EL Wasser abstimmen. Zucker zugeben und mit Salz und Pfeffer abschmecken.

6 Lauch auf einem Vorlegeteller anrichten und mit Sauce übergießen. Ei fein reiben und über die Sauce streuen. Mit Petersilienzweigen garnieren und servieren, solange der Lauch noch warm ist.

Salat aus Wintergemüse

Diese einfache Salatbeilage besteht aus Lauch, Blumenkohl und Sellerie, die mit Weißwein, Kräutern und Wacholderbeeren verfeinert werden.

ZUTATEN

Für 4 Personen

175 ml Weißwein
1 TL Olivenöl
2 EL Zitronensaft
2 Lorbeerblätter
1 frischer Thymianzweig
4 Wacholderbeeren
450 g Lauch, geputzt und in 2,5 cm lange Stücke geschnitten
1 kleiner Blumenkohl, Röschen getrennt
4 Selleriestangen, diagonal in Scheiben
2 EL gehackte frische Petersilie
Salz und gemahlener schwarzer Pfeffer

1 Wein, Olivenöl, Zitronensaft, Lorbeerblätter, Thymian und Wacholderbeeren in einem großen, schweren Topf zum Kochen bringen. Abgedeckt 20 Minuten köcheln lassen.

2 Lauch, Blumenkohl und Sellerie dazugeben. 5–6 Minuten köcheln lassen, bis alles gar ist.

3 Gemüse mit einem Schaumlöffel in eine Salatschüssel füllen. Die Flüssigkeit bei starker Hitze 15–20 Minuten auf die Hälfte einkochen lassen. Dann durch ein Sieb gießen.

4 Petersilie in die Flüssigkeit rühren und nach Geschmack würzen. Über das Gemüse geben und abkühlen lassen. Vor dem Servieren mindestens 1 Stunde im Kühlschrank kalt stellen.

GUTER TIPP

Die Gemüsesorten für diesen Salat können den Jahreszeiten angepasst werden.

Avocadosalat mit Räucherfisch

Avocados und Räucherfisch ergeben eine schöne Paarung, die im Zusammenspiel mit Kräutern und Gewürzen zu einem köstlichen Salat wird.

ZUTATEN

Für 4 Personen

2 Avocados
½ Salatgurke
1 EL Zitronensaft
2 feste Tomaten
1 grüne Chilischote
Salz und gemahlener schwarzer Pfeffer

Für den Fisch

1 EL Butter oder Margarine
½ Zwiebel, in dünne Streifen geschnitten
1 TL Senfkörner
225 g geräucherte Makrelen, zerpflückt
2 EL gehackte frische Korianderblätter
2 feste Tomaten, geschält und gewürfelt
1 EL Zitronensaft

1 Butter oder Margarine in einer Pfanne zerlassen und Zwiebel und Senfkörner 5 Minuten anbraten, bis die Zwiebel glasig ist.

2 Makrele, Koriander, Tomaten und Zitronensaft zugeben und 2–3 Minuten bei schwacher Hitze kochen. Vom Herd nehmen und abkühlen lassen.

3 Avocados und Gurke in dünne Scheiben schneiden. In eine Schüssel geben und mit Zitronensaft beträufeln. Tomaten in Scheiben schneiden und entkernen. Chilischote fein hacken.

4 Fischmischung in der Mitte eines Vorlegetellers anrichten.

5 Avocados, Gurke und Tomaten dekorativ um den Fisch anrichten. Alternativ Fischmischung und Avocados, Gurke und Tomaten auf vier Salatteller verteilen. Mit gehackter Chili, Salz und Pfeffer bestreuen und servieren.

ABWANDLUNG

Man kann auch geräucherten Schellfisch oder Kabeljau oder eine Mischung aus Makrele und Schellfisch verwenden.

Tomaten-Brot-Salat

Diesen Salat bereitet man am besten aus altbackenem Brot und aromatischen sonnengereiften Tomaten zu.

ZUTATEN

Für 4 Personen

400 g altbackenes Brot oder Brötchen

4 große Tomaten

1 große rote Zwiebel oder 6 Frühlingszwiebeln

frische Basilikumblätter, zum Garnieren

Für das Dressing

4 EL Olivenöl (Extra Vergine)

2 EL Weißweinessig

Salz und gemahlener schwarzer Pfeffer

1 Brot in dicke Scheiben schneiden. In einer flachen Schüssel in kaltem Wasser einweichen. Mindestens 30 Minuten einweichen.

2 Tomaten in Spalten schneiden und in eine Salatschüssel geben. Zwiebel oder Frühlingszwiebeln in dünne Streifen schneiden und zu den Tomaten geben. Das Brot gründlich ausdrücken und zum Gemüse geben.

3 Öl und Essig für das Dressing mischen und mit Salz und Pfeffer abschmecken. Über den Salat geben und gut durchheben. Mit Basilikumblättern garnieren. Vor dem Servieren mindestens 2 Stunden an einem kühlen Ort stehen lassen.

Paprikasalat

Am besten bereitet man diesen Salat aus einer Kombination von roten und gelben Paprika zu; so erhält man die attraktivste Farbe und den süßesten Geschmack.

ZUTATEN

Für 6 Personen

4 große Paprikaschoten (rot oder gelb oder gemischt)

2 EL Kapern, abgespült

18–20 schwarze oder grüne Oliven

Für das Dressing

6 EL Olivenöl (Extra Vergine)

2 Knoblauchzehen, fein gehackt

2 EL Balsam- oder Weinessig

Salz und gemahlener schwarzer Pfeffer

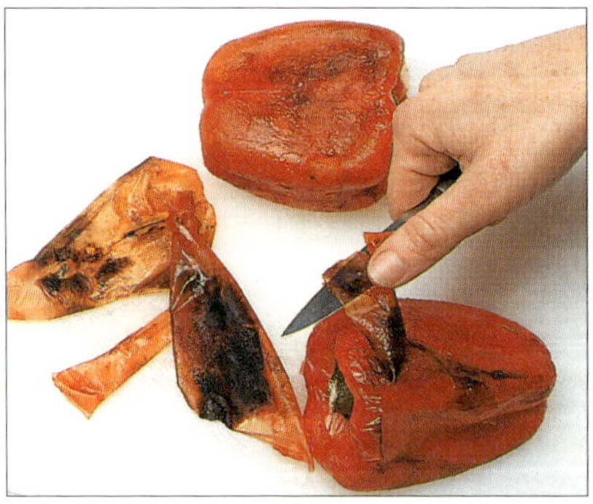

1 Paprikas unter gelegentlichem Wenden grillen, bis sie rundum geschwärzt sind und Blasen werfen. In einen Gefrierbeutel geben und locker verschließen. Abkühlen lassen. Sorgfältig schälen, dann vierteln. Stiele und Kerne entfernen.

2 Paprika in Streifen schneiden; auf einem Vorlegeteller anrichten. Kapern und Oliven gleichmäßig über die Streifen streuen.

3 Öl und Knoblauch für das Dressing in einer kleinen Schüssel mischen; Knoblauch mit dem Löffel zerdrücken. Essig einrühren, mit Salz und Pfeffer abschmecken. Über den Salat geben, gut durchheben und vor dem Servieren mindestens 30 Minuten stehen lassen.

Endiviensalat mit geröstetem Speck

Dieser köstliche Salat kann auch mit gehacktem, hart gekochtem Ei bestreut werden.

ZUTATEN

Für 4 Personen

50 g Weißbrot

225 g Endivien- oder Eskarolblätter

5–6 EL Olivenöl (Extra Vergine)

175 g Räucherspeckwürfel oder 6 dicke Scheiben Frühstücksspeck, in dünne Streifen geschnitten

1 kleine Knoblauchzehe, fein gehackt

1 EL Rotweinessig

2 TL Dijon-Senf

Salz und gemahlener schwarzer Pfeffer

1 Brot in kleine Würfel schneiden. Salatblätter in mundgerechte Stücke zupfen und in eine Salatschüssel geben.

2 1 EL Öl bei schwacher Hitze in einer beschichteten Pfanne erhitzen. Speck hinein geben und unter gelegentlichem Rühren sanft anbräunen. Mit einem Schaumlöffel heraus nehmen und auf Küchenpapier abtropfen lassen.

3 Weitere 2 EL Öl in die Pfanne geben und die Brotwürfel bei mittlerer Hitze unter regelmäßigem Wenden bräunen. Mit dem Schaumlöffel heraus nehmen und auf Küchenpapier abtropfen lassen. Verbleibendes Fett wegschütten.

4 Knoblauch, Essig und Senf mit dem restlichen Öl in der Pfanne verrühren und kurz unter Schlagen erwärmen. Dressing nach Geschmack würzen und über den Salat geben. Salat mit geröstetem Speck und Croûtons bestreuen und warm servieren.

Spargel-Orangen-Salat

Eine etwas ungewöhnliche Kombination von Zutaten mit einem schlichten Dressing auf der Grundlage eines guten Olivenöls.

ZUTATEN

Für 4 Personen

225 g grüner Spargel, geputzt und in 5 cm lange Stücke geschnitten

2 große Orangen

2 aromatische Tomaten, geachtelt

50 g Romanasalatblätter

2 EL Olivenöl (Extra Vergine)

½ TL Sherryessig

Salz und gemahlener schwarzer Pfeffer

1 Den Spargel 3–4 Minuten in kochendem Salzwasser garen. Die Kochzeit hängt von der Größe der Spargelstangen ab. Abgießen und unter fließendem Wasser abschrecken. Zum Abkühlen auf die Seite stellen.

2 Schale einer halben Orange abreiben und bereit stellen. Beide Orangen schälen und filetieren. Saft aus den Resten pressen und bereit stellen.

3 Spargel, Orangenfilets, Tomaten und Salatblätter in eine Salatschüssel geben.

4 Öl und Essig verrühren und 1 EL Orangensaft und 1 TL Orangenschale hinzu geben. Mit Salz und Pfeffer abschmecken. Kurz vor dem Servieren das Dressing über den Salat geben und leicht durchheben.

Hart gekochte Eier mit Thunfischsauce

Die köstliche Thunfischmajonäse auf den hart gekochten Eiern ergibt eine leckere Vorspeise, die man schnell und einfach zubereiten kann.

ZUTATEN

Für 6 Personen

6 große Eier
200 g Thunfisch in Olivenöl
3 Sardellenfilets
1 EL Kapern, abgetropft
2 EL Zitronensaft
4 EL Olivenöl
Salz und gemahlener schwarzer Pfeffer
Kapern und Sardellenfilets, zum Garnieren

Für die Majonäse

1 Eigelb
1 TL Dijon-Senf
1 TL Weißweinessig oder Zitronensaft
150 ml Olivenöl

1 Eier 12–14 Minuten kochen. Unter kaltem Wasser abschrecken. Sorgfältig schälen und auf die Seite stellen.

2 Eigelb, Senf und Essig oder Zitronensaft für die Majonäse in einer kleinen Schüssel verschlagen.

3 3–4 EL Öl tropfenweise unterrühren. Dann restliches Öl unter ständigem Schlagen in einem dünnen Strahl hinein gießen.

4 Thunfisch mit seinem Öl, Sardellen, Kapern, Zitronensaft und Olivenöl im Mixer glatt rühren.

5 Thunfischmischung vorsichtig unter die Majonäse heben. Mit schwarzem Pfeffer und, falls nötig, Salz würzen. Mindestens 1 Stunde kalt stellen.

6 Eier längs halbieren. Auf einem Vorlegeteller anrichten. Majonäse darüber geben und mit Kapern und Sardellen garnieren. Gekühlt servieren.

Artischocken-Eier-Salat

Artischockenherzen schmecken am besten, wenn sie aus der frischen Artischocke geschnitten sind, man kann aber auch Dosenware nehmen.

ZUTATEN

Für 4 Personen

4 große Artischocken oder 4 Artischockenherzen aus der Dose, abgetropft
½ Zitrone
4 Eier, hart gekocht und geschält
frische Petersilienzweige, zum Garnieren

Für die Majonäse

1 Eigelb / 2 TL Dijon-Senf
1 EL Weißweinessig
250 ml Oliven- oder Pflanzenöl
2 EL gehackte frische Petersilie
Salz und gemahlener schwarzer Pfeffer

1 Bei Verwendung frischer Artischocken diese waschen. Zitrone auspressen; Saft und ausgepresste Hälfte in eine Schüssel mit kaltem Wasser geben.

2 Artischocken nacheinander verarbeiten. Den Fuß des Stiels abschneiden. Den Stiel mit einem kleinen Messer von unten zu den Blättern hin schälen. Kleine Blätter am Stielansatz abzupfen und auch die dunklen äußeren Blätter entfernen, bis die längeren inneren Blätter zum Vorschein kommen. Die Spitze der Artischocke mit einem scharfen Messer abschneiden. Artischocke in Zitronenwasser geben. Mit den übrigen Artischocken wiederholen.

3 Frische Artischocken kochen oder dämpfen, bis sie gerade gar sind (Blätter lassen sich leicht abzupfen). Artischockenherzen aus der Dose unbedingt nach Anleitung des Herstellers kochen. Abkühlen lassen.

4 Eigelb, Senf und Essig für die Majonäse in einer Rührschüssel vermischen. Mit Salz und Pfeffer abschmecken. Öl unter kräftigem Schlagen mit dem Rührbesen in einem dünnen Strahl zugeben. Wenn die Mischung dick und glatt ist, gehackte Petersilie einrühren. Gut vermischen. Abdecken und bis zur Verwendung kalt stellen.

5 Blätter von frischen Artischocken abzupfen. Stiele am Boden abschneiden. »Haare« mit einem Messer oder einem Löffel abschaben.

6 Eier und Artischocken in Stücke schneiden. Auf einem Teller anrichten, Majonäse darüber geben und mit Petersilienzweigen garniert servieren.

Panzanella

In diesem Salat wird die süß-herzhafte Mischung aus Tomatensaft, Olivenöl und Rotweinessig von einer farbenfrohen Kombination aus gebackenen Paprika, Sardellen und geröstetem Ciabattabrot aufgenommen.

ZUTATEN

Für 4–6 Personen

225 g Ciabattabrot (etwa ⅔ Laib)
150 ml Olivenöl
3 rote Paprikaschoten
3 gelbe Paprikaschoten
50 g Sardellenfilets aus der Dose, abgetropft
675 g reife Eiertomaten
4 Knoblauchzehen, zerdrückt
4 EL Rotweinessig
50 g Kapern
115 g entkernte schwarze Oliven
Salz und gemahlener schwarzer Pfeffer
frische Basilikumblätter, zum Garnieren

1 Backofen auf 200 °C (Gasherd: Stufe 6) vorheizen. Ciabatta in 2 cm dicke Scheiben schneiden und mit 50 ml Olivenöl beträufeln. Goldgelb rösten.

2 Paprika auf einem mit Alufolie ausgelegten Backblech auslegen und etwa 45 Minuten backen, bis die Haut schwarz wird. Aus dem Backofen nehmen, in einen Gefrierbeutel legen, verschließen und leicht abkühlen lassen.

3 Paprika häuten und vierteln; Stielansätze und Kerne entfernen. Die Sardellen grob hacken und auf die Seite stellen.

4 Tomaten für das Dressing schälen und halbieren. Kerne und weiches Fruchtfleisch in ein Sieb über einer Schüssel löffeln. Mit dem Löffelrücken ausdrücken, um möglichst viel Saft zu gewinnen. Öl, Knoblauch und Essig zum Saft geben.

5 Ciabatta, Paprika, Tomaten, Sardellen, Kapern und Oliven in eine große Salatschüssel schichten. Dressing mit Salz und Pfeffer abschmecken und über den Salat geben. 30 Minuten ziehen lassen. Mit reichlich Basilikumblättern garniert servieren.

Walnuss-Radicchio-Salat mit Topinambur

Der kräftige Geschmack der Topinambur bildet einen schönen Kontrast zu der frischen Schärfe von Radicchio und Zitrone. Servieren Sie den Salat kalt oder als Beilage zu Steak und Grillfleisch.

ZUTATEN

Für 4 Personen

1 großer Kopf Radicchio oder
150 g Radicchioblätter
40 g Walnussstücke
3 EL Walnussöl
500 g Topinambur
dünn abgezogene Schale und Saft von 1 Zitrone
grobes Meersalz und gemahlener schwarzer Pfeffer
frische glatte Petersilie, zum Garnieren

1 Radicchiokopf in 8–10 Spalten schneiden. Spalten oder Blätter in eine feuerfeste Form geben. Mit Walnüssen bestreuen, mit Öl übergießen und würzen. Bei mittlerer Hitze 2–3 Minuten grillen.

2 Topinambur schälen und in gleich große Stücke schneiden. Mit der Hälfte des Zitronensafts in einen Topf mit sprudelndem Salzwasser geben und 5–7 Minuten gar kochen. Abgießen. Dann den Backofengrill stark vorheizen.

3 Topinambur mit Zitronensaft und -schale zum Salat geben und durchheben. Mit Meersalz und Pfeffer abschmecken. Grillen, bis der Salat zu bräunen beginnt. Sofort mit Petersilienblättern garniert servieren.

Salat mit Eiern, Speck und Avocado

Farbspiel, Geschmack und Texturen erfreuen hier nicht nur das Auge, sondern auch den Gaumen.

ZUTATEN

Für 4 Personen

1 großer Romanasalat

8 Scheiben Frühstücksspeck, knusprig gebraten

2 große Avocados, geschält und gewürfelt

6 hart gekochte Eier, gehackt

2 Fleischtomaten, geschält, entkernt und gehackt

175 g Blauschimmelkäse, zerkrümelt

Für das Dressing

1 Knoblauchzehe, zerdrückt

1 TL Zucker

1½ TL Zitronensaft

1½ EL Rotweinessig

120 ml Erdnussöl

Salz und gemahlener schwarzer Pfeffer

1 Salat quer zum Blatt in Streifen schneiden. Speckstreifen zerkrümeln.

2 Alle Zutaten für das Dressing in ein Schraubglas geben und kräftig schütteln. Salatstreifen auf einer großen rechteckigen oder ovalen Platte zu einem Bett auslegen.

3 Avocados, Eier, Tomaten und Käse nebeneinander auf dem Salatbett anrichten und mit Speck bestreuen.

4 Dressing kurz vor dem Servieren gleichmäßig über den Salat verteilen.

Pikanter Maissalat

Dieser sonnengelbe, milde Salat wird warm mit einem köstlich pikanten Dressing serviert.

ZUTATEN

Für 4 Personen

2 EL Pflanzenöl

450 g abgetropfter Mais aus der Dose oder TK-Mais, aufgetaut

1 grüne Paprikaschote, entkernt, gewürfelt

1 kleine rote Chilischote, entkernt, gewürfelt

4 Frühlingszwiebeln, in Scheiben

3 EL gehackte frische Petersilie

225 g Cocktailtomaten, halbiert

Salz und gemahlener schwarzer Pfeffer

Für das Dressing

½ TL Zucker

2 EL Weißweinessig

½ TL Dijon-Senf

1 EL gehacktes frisches Basilikum

1 EL Majonäse

¼ TL Chilisauce

1 Öl in einer Pfanne erhitzen. Mais, Paprika, Chilischote und Frühlingszwiebeln bei mittlerer Hitze 5 Minuten unter regelmäßigem Rühren andünsten.

2 Gemüse in eine Salatschüssel umfüllen. Petersilie und Tomaten unterheben.

3 Alle Zutaten für das Dressing in einer kleinen Schüssel verschlagen.

4 Das Dressing über die Maismischung geben. Mit Salz und Pfeffer abschmecken. Gut durchheben und sofort servieren, solange der Salat noch warm ist.

Tofu-Gurken-Salat

Ein nahrhafter, erfrischender Salat – mit seiner scharfen, süß-sauren Sauce ideal für Bufetts geeignet.

ZUTATEN

Für 4–6 Personen

1 kleine Salatgurke
115 g Tofu am Stück
Öl, zum Braten
115 g Bohnensprossen
Salz
Sellerieblätter, zum Garnieren

Für das Dressing

1 kleine Zwiebel, gerieben
2 Knoblauchzehen, zerdrückt
1–1½ TL Chilisauce
2–3 EL dunkle Sojasauce
1–2 EL Reisweinessig
2 TL brauner Zucker

1 Die Gurke gleichmäßig würfeln. Salzen, um die Flüssigkeit heraus zu ziehen. Während der weiteren Vorbereitung des Rezepts auf die Seite stellen.

2 Tofu in Würfel schneiden und in etwas Öl von beiden Seiten goldbraun braten. Auf Küchenpapier abtropfen lassen.

3 Zwiebel, Knoblauch und Chilisauce in einem Schraubglas vermischen. Sojasauce, Essig, Zucker und Salz nach Geschmack einrühren.

4 Gurke kurz vor dem Servieren unter fließendem Wasser abspülen. Abgießen und gründlich trocknen lassen. Gurke, Tofu und Bohnensprossen in einer Salatschüssel durchheben und Dressing darüber geben. Mit Sellerieblättern garnieren und sofort servieren.

Salat von grünen Bananen

Kochen Sie die Bananen in der Schale, um ihre weiche Textur zu erhalten. Sie nehmen dann das volle Aroma des Dressings auf.

ZUTATEN

Für 4 Personen

2 feste gelbe Kochbananen
3 grüne Obstbananen
1 Knoblauchzehe, zerdrückt
1 rote Zwiebel
1–2 EL gehackter frischer Koriander
3 EL Sonnenblumenöl
1½ EL Malzessig
Salz und gemahlener schwarzer Pfeffer

1 Die Bananen längs der natürlichen Wülste aufschneiden, dann halbieren und in einen großen Topf geben.

2 Bananen mit Wasser bedecken, etwas Salz zugeben und zum Kochen bringen. 20 Minuten sanft gar kochen, dann aus dem Wasser nehmen. Sobald sie etwas abgekühlt sind, schälen und in mitteldicke Scheiben schneiden.

3 Bananenscheiben in eine Schüssel geben und mit dem Knoblauch durchheben, um ihn gleichmäßig zu verteilen.

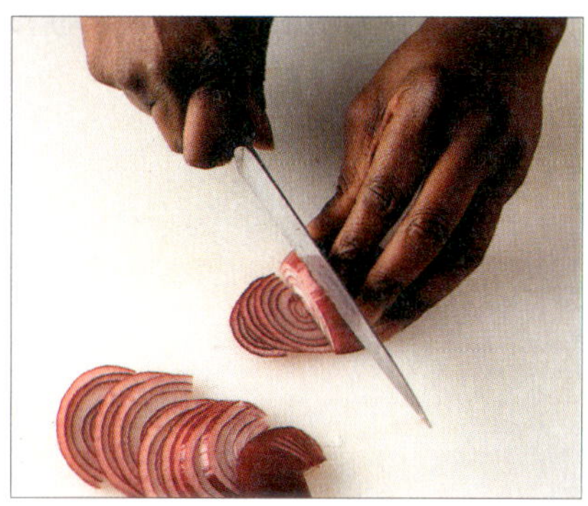

4 Zwiebel halbieren und in dünne Scheiben schneiden. Mit Koriander, Öl, Essig und Gewürzen in die Schüssel geben. Durchheben und in eine Salatschüssel umfüllen.

Grüne-Bohnen-Salat

Grüne Bohnen schmecken auch köstlich zu einer schlichten Vinaigrette, aber dieses Rezept ist noch etwas raffinierter.

ZUTATEN

Für 4 Personen

450 g grüne Bohnen
1 EL Olivenöl
25 g Butter
½ Knoblauchzehe, zerdrückt
50 g Paniermehl
1 EL gehackte frische Petersilie
1 hart gekochtes Ei, fein gehackt

Für das Dressing

2 EL Olivenöl
2 EL Sonnenblumenöl
2 TL Weißweinessig
½ Knoblauchzehe, zerdrückt
¼ TL Dijon-Senf
eine Prise Zucker
eine Prise Salz

1 Bohnen 5–6 Minuten in Salzwasser gar kochen. Abgießen, unter fließendem Wasser abschrecken; in eine Salatschüssel geben.

2 Alle Zutaten für das Dressing gründlich vermengen. Über die Bohnen geben und durchheben.

3 Öl und Butter in einer Pfanne erhitzen und Knoblauch darin 1 Minute anbraten. Paniermehl einrühren und 3–4 Minuten bei mittlerer Hitze unter regelmäßigem Rühren goldbraun rösten.

4 Die Pfanne vom Herd nehmen und zuerst die Petersilie, dann das Ei einrühren. Die Mischung über die Bohnen streuen. Warm oder bei Zimmertemperatur servieren.

Krönungssalat

Das berühmte Salatdressing wurde eigens für die Krönung Königin Elisabeth II. kreiert. Es passt wunderbar zu hart gekochten Eiern und Gemüse.

ZUTATEN

Für 6 Personen

450 g neue Kartoffeln
3 EL Vinaigrette
3 Frühlingszwiebeln, gehackt
Salz und gemahlener schwarzer Pfeffer
6 Eier, hart gekocht und halbiert
krause Salatblätter
1/4 Salatgurke, in dünne Streifen geschnitten
6 große Radieschen, in Scheiben geschnitten
1 Schale Kapuzinerkresse

Für das Krönungsdressing

2 EL Olivenöl
1 kleine Zwiebel, gehackt
1 EL mildes Currypulver oder Korma-Gewürzmischung
2 TL passierte Tomaten
2 EL Zitronensaft
2 EL Sherry
300 ml Majonäse
150 g Naturjoghurt

1 Kartoffeln in Salzwasser gar kochen. Abgießen, in eine große Schüssel geben; warm mit der Vinaigrette durchheben.

2 Frühlingszwiebeln, Salz und Pfeffer unterrühren und vollständig abkühlen lassen.

3 In der Zwischenzeit das Dressing zubereiten. Öl in einem kleinen Topf erhitzen und Zwiebel 3 Minuten anschwitzen. Currypulver oder Gewürzmischung einrühren und 1 weitere Minute braten. Vom Herd nehmen, alle übrigen Zutaten für das Dressing einrühren.

4 Kartoffeln mit dem Dressing durchheben, die Eier zufügen und kalt stellen. Einen Vorlegeteller mit Salatblättern auslegen und Salat in der Mitte anrichten. Mit Gurke, Radieschen und Kresse bestreuen.

Süßkartoffel-Karotten-Salat

Dieser warme Salat hat einen süß-sauren Geschmack und birgt einige ungewöhnliche Zutaten. Er wird mit ganzen Walnüssen, Sultaninen und Zwiebelringen garniert.

ZUTATEN

Für 4 Personen

1 mittelgroße Süßkartoffel
2 Karotten, schräg in dicke Scheiben geschnitten
3 mittelgroße Tomaten
8–10 Eisbergsalatblätter
75 g Kichererbsen aus der Dose, abgetropft

Für das Dressing

1 EL klarer Honig
6 EL Naturjoghurt
½ TL Salz
1 TL gemahlener schwarzer Pfeffer

Für die Garnierung

1 EL Walnüsse
1 EL Sultaninen
1 kleine Zwiebel, in Ringe geschnitten

1 Süßkartoffel schälen und grob würfeln. Weich, aber nicht breiig kochen, Topf abdecken und auf die Seite stellen.

2 Karotten wenige Minuten kochen, so dass sie ihren Biss behalten. Zu der Süßkartoffel geben.

3 Süßkartoffel und Karotten abtropfen lassen und in eine Schüssel geben.

4 Deckel (Stielseite) von den Tomaten abtrennen, Kerne herauslöffeln und wegwerfen. Fruchtfleisch grob hacken. Salat quer zum Blatt in Streifen schneiden.

5 Eine Salatschüssel mit Blättern auskleiden. Süßkartoffel, Karotten, Kichererbsen und Tomaten mischen und in die Mitte geben.

6 Alle Zutaten für das Dressing gründlich mit einer Gabel verschlagen.

7 Salat mit Walnüssen, Sultaninen und Zwiebelringen garnieren. Dressing erst kurz vor dem Servieren darüber geben oder separat in einer Schale servieren.

GUTER TIPP

Dieser Salat ergibt ein gutes Hauptgericht in der Familie. Servieren Sie dazu ein süßes Mango Chutney und warmes indisches Naan-Brot.

Kartoffelsalate

Wer liebt sie nicht – selbst gemachte Kartoffelsalate mit einer cremigen Majonäse. Die beiden folgenden Versionen sind eher leicht und sommerlich gehalten. Der erste Salat sollte warm serviert werden; der zweite kann am Vortag zubereitet und kalt gegessen werden.

ZUTATEN

Für 4 Personen

900 g neue Kartoffeln
1 TL Salz

Dressing für den warmen Salat

2 EL Hasel- oder Walnussöl
4 EL Sonnenblumenöl / Saft von 1 Zitrone
etwa 15 Pistazien
Salz und gemahlener schwarzer Pfeffer
glatte Petersilie, zum Garnieren

Dressing für den kalten Salat

5 EL Olivenöl / 2 TL Weißweinessig
1 Knoblauchzehe, zerdrückt
6 EL fein gehackte frische Petersilie
2 große Frühlingszwiebeln, in dünne Scheiben geschnitten
Salz und gemahlener schwarzer Pfeffer

1 Kartoffeln abschrubben, aber nicht schälen. Mit kaltem Wasser bedecken und zum Kochen bringen. Salz zugeben und etwa 15 Minuten gar köcheln lassen. Gut abtropfen lassen und auf die Seite stellen.

2 Für den warmen Salat Nuss- mit Sonnenblumenöl und Zitronensaft vermischen und anschließend gut würzen.

3 Pistazien grob mit dem Messer hacken.

4 Die leicht abgekühlten Kartoffeln mit dem Dressing übergießen und mit Pistazien bestreuen. Mit einem Petersilienzweig garniert servieren.

5 Für den kalten Salat die Kartoffeln wie beschrieben kochen, abgießen und abkühlen lassen.

6 Öl, Essig, Knoblauch, Petersilie, Frühlingszwiebeln und Gewürze verschlagen und über die Kartoffeln geben. Gut abdecken und über Nacht kalt stellen. Vor dem Servieren auf Zimmertemperatur bringen.

Kartoffelsalat mit Ei und Zitronendressing

Kartoffelsalate sind seit jeher beliebt und passen hervorragend zu kaltem Fleisch und Fisch. Dieses Rezept lebt vom geschmacklichen Kontrast zwischen Ei und Zitrone. Die gehackte Petersilie bildet den krönenden Abschluss.

ZUTATEN

Für 4 Personen

900 g neue Kartoffeln
1 mittelgroße Zwiebel, fein gehackt
1 hart gekochtes Ei
300 ml Majonäse
1 Knoblauchzehe, zerdrückt
abgeriebene Schale und Saft von 1 Zitrone
4 EL gehackte frische Petersilie
Salz und gemahlener schwarzer Pfeffer
frischer Petersilienzweig, zum Garnieren

1 Kartoffeln abschrubben, mit kaltem Wasser bedecken und zum Kochen bringen. Salz zugeben und 15 Minuten gar köcheln lassen. Abgießen und abkühlen lassen. In große Würfel schneiden, gut würzen und mit der Zwiebel durchheben.

2 Ei schälen und in eine Rührschüssel reiben, dann Majonäse zugeben. Knoblauch mit Zitronenschale und -saft in einer kleinen Schüssel vermengen und unter die Majonäse ziehen.

3 Majonäse gründlich mit den Kartoffeln durchheben, dann Petersilie unterrühren. Warm oder kalt mit einem Petersilienzweig garniert servieren.

ABWANDLUNG

Frischer Schnittlauch ist hier eine hervorragende Alternative zur Petersilie.

Pikanter Kartoffelsalat

Diesen köstlichen Salat kann man schnell zubereiten – er ist eine ideale Beilage zu gegrilltem Fleisch oder Fisch.

ZUTATEN

Für 6 Personen

900 g Kartoffeln
2 rote Paprikaschoten
2 Selleriestangen
1 Schalotte
2 oder 3 Frühlingszwiebeln
1 grüne Chilischote
1 Knoblauchzehe, zerdrückt
2 TL fein gehackter frischer Schnittlauch
2 TL fein gehacktes frisches Basilikum
1 EL fein gehackte frische Petersilie
1 EL Sahne / 2 EL Salatcreme
1 EL Majonäse
1 TL mittelscharfer Senf
1½ TL Zucker
Salz
frisch geschnittener Schnittlauch

1 Kartoffeln schälen und in Salzwasser gar kochen. Abgießen und abkühlen lassen. Würfeln und in eine große Rührschüssel geben.

2 Paprika halbieren, Stege und Kerne entfernen und das Fruchtfleisch klein schneiden. Sellerie, Schalotte und Frühlingszwiebeln fein hacken, Chili entkernen und in dünne Streifen schneiden. Gemüse mit Knoblauch und Kräutern zu den Kartoffeln geben.

3 Sahne, Salatcreme, Majonäse, Senf und Zucker in einer kleinen Schüssel gründlich verrühren.

4 Dressing über den Salat geben und gründlich durchheben. Mit klein geschnittenem Schnittlauch garniert servieren.

Kartoffelsalat mit Knoblauchwurst

Für diesen leckeren Kartoffelsalat werden die Kartoffeln mit ein wenig Wein befeuchtet, bevor man die Vinaigrette darüber gibt.

ZUTATEN

Für 4 Personen

450 g kleine mehlig kochende Kartoffeln
2–3 EL trockener Weißwein
2 Schalotten, fein gehackt
1 EL gehackte frische Petersilie
1 EL gehackter frischer Estragon
175 g gekochte Knoblauchmettwurst (z.B. spanische Chorizo)
1 Zweig glatte Petersilie, zum Garnieren

Für die Vinaigrette

2 TL Dijon-Senf
1 EL Estragon- oder Weißweinessig
5 EL Olivenöl (Extra Vergine)
Salz und gemahlener schwarzer Pfeffer

1 Die Kartoffeln abschrubben. 10–12 Minuten in Salzwasser gar kochen. Abgießen und unter fließendem Wasser abschrecken.

2 Kartoffeln nach Wunsch schälen oder ungeschält verarbeiten und in 5 mm dicke Scheiben schneiden. Mit Wein besprenkeln und mit Schalotten bestreuen.

3 Senf und Essig für die Vinaigrette in einer kleinen Schüssel mischen, dann Öl löffelweise einschlagen. Würzen und über die Kartoffeln geben.

4 Kräuter zu den Kartoffeln geben und gut durchheben.

5 Wurst in dünne Scheiben schneiden und mit den Kartoffeln durchheben. Salat mit Salz und Pfeffer abschmecken und mit einem Petersilienzweig garniert bei Zimmertemperatur servieren.

ABWANDLUNG

Die Kartoffeln schmecken auch sehr gut mit einer einfachen Vinaigrette – zum Beispiel zu mariniertem Hering.

Pfeffriger Bohnensalat

Dieser appetitliche Salat wird der Bequemlichkeit halber mit Bohnen aus der Dose zubereitet.

ZUTATEN

Für 4–6 Personen

425 g-Dose rote Kidneybohnen
425 g-Dose Augenbohnen
425 g-Dose Kichererbsen
¼ rote Paprikaschote
¼ grüne Paprikaschote
6 Radieschen
1 EL gehackte Frühlingszwiebeln

Für das Dressing

1 TL gemahlener Kümmel
1 EL Tomatenketchup
2 EL Olivenöl / 1 EL Weißweinessig
1 Knoblauchzehe, zerdrückt
½ TL scharfe Chilisauce

1 Bohnen und Kichererbsen abgießen und unter fließendem kaltem Wasser abspülen. Abtropfen lassen und in eine große Schüssel geben.

2 Paprika entkernen und klein würfeln. Radieschen putzen und in dünne Scheiben schneiden. Paprika, Radieschen und Frühlingszwiebeln zu den Bohnen geben.

3 Kümmel, Ketschup, Öl, Essig und Knoblauch in einer kleinen Schüssel vermischen. Etwas Salz und Chilisauce nach Geschmack dazugeben und gut durchrühren.

4 Das Dressing über den Salat geben und durchheben. Vor dem Servieren mindestens 1 Stunde kalt stellen, dann mit Frühlingszwiebelscheiben garniert servieren.

Bohnensalat mit geräuchertem Schinken

Ein reichhaltiger Salat, der als Beilage nur in kleinen Mengen serviert werden sollte.

ZUTATEN

Für 8 Personen

175 g Augenbohnen
1 Zwiebel
1 Karotte
225 g Räucherschinken, gewürfelt
3 mittelgroße Tomaten, geschält, entkernt und gewürfelt
Salz und gemahlener schwarzer Pfeffer

Für das Dressing

2 Knoblauchzehen, zerdrückt
3 EL Olivenöl
3 EL Rotweinessig
2 EL Pflanzenöl
1 EL Zitronensaft
1 EL gehacktes frisches oder 1 TL getrocknetes Basilikum
1 EL körniger Senf
1 TL Sojasauce
1/2 TL getrockneter Oregano
1/2 TL Zucker
1/4 TL Worcestershiresauce
1/2 TL Chilisauce

1 Bohnen über Nacht in kaltem Wasser einweichen. Abgießen.

2 Bohnen mit Zwiebel und Karotte in einen großen Topf geben. Mit frischem kaltem Wasser bedecken und zum Kochen bringen. Temperatur reduzieren und etwa 1 Stunde gar köcheln lassen.

3 Bohnen abgießen und ohne Zwiebel und Karotte in eine Salatschüssel geben.

4 Zwiebel und Karotte fein würfeln, mit den Bohnen durchheben. Schinken und Tomaten unterrühren.

5 Alle Zutaten für das Dressing in einer kleinen Schüssel verschlagen.

6 Dressing über den Salat geben. Mit Salz und Pfeffer abschmecken. Durchheben und servieren.

Bohnen-Sellerie-Salat

Dieser einfache Bohnensalat ist eine köstliche Alternative zu Kartoffelsalat. Falls Sie keine Zeit haben, trockene Bohnen einzuweichen und zu kochen, sind auch Bohnen aus der Dose gut geeignet.

ZUTATEN

Für 4 Personen

450 g getrocknete weiße Bohnen oder 3 Dosen (à 400 g) weiße Bohnen
1 l Gemüsebrühe
3 Selleriestangen, in 1 cm lange Streifen geschnitten
120 ml Vinaigrette
3 EL frische gehackte Petersilie
Salz und gemahlener schwarzer Pfeffer

1 Getrocknete Bohnen mit reichlich kaltem Wasser bedecken und mindestens 4 Stunden einweichen. Wasser abschütten und die Bohnen in einen schweren Topf geben. Mit Wasser bedecken.

2 Bohnen zum Kochen bringen und 90 Minuten ohne Deckel köcheln lassen, bis die Schale aufbricht. Gegarte Bohnen lassen sich leicht zwischen Daumen und Zeigefinger zerdrücken. Abgießen. – Falls Sie Bohnen aus der Dose verwenden, diese abgießen und abspülen.

3 Gekochte Bohnen in einen großen Topf geben. Gemüsebrühe und Sellerie zugeben, aufkochen, abdecken und 15 Minuten köcheln lassen. Gründlich abtropfen lassen. Bohnen mit Vinaigrette befeuchten und abkühlen lassen.

4 Petersilie zugeben und durchheben. Mit Salz und Pfeffer abschmecken, in eine Salatschüssel umfüllen und servieren.

Linsen-Kohl-Salat

Dieser warme, knackige Salat ergibt eine schöne Mahlzeit, wenn man ihn zu knusprigem Baguette oder zu Vollkornbrötchen reicht.

ZUTATEN

Für 4–6 Personen

225 g braune Linsen

3 Knoblauchzehen / 1 Lorbeerblatt

1 kleine Zwiebel, geschält, mit 2 Gewürznelken gespickt

1 EL Olivenöl

1 rote Zwiebel, in dünnen Streifen

1 EL frische Thymianblätter

350 g Weißkohl, fein gehobelt

abgeriebene Schale und Saft von 1 Zitrone

1 EL Himbeeressig

Salz und gemahlener schwarzer Pfeffer

1 Linsen in kaltem Wasser waschen und mit 1,5 Liter kaltem Wasser, 1 Knoblauchzehe, dem Lorbeerblatt und der gespickten Zwiebel in einen großen Topf geben. Zum Kochen bringen und 10 Minuten kochen lassen. Temperatur reduzieren, abdecken und 15–20 Minuten sanft köcheln lassen. Abgießen und Zwiebel, Knoblauch und Lorbeerblatt entfernen.

2 Die übrigen Knoblauchzehen zerdrücken. Öl in einem großen Topf erhitzen. Rote Zwiebel, Knoblauch und Thymian hinein geben und 5 Minuten andünsten.

3 Den Kohl hinein geben und 3–5 Minuten garen, so dass er noch knackig bleibt.

4 Linsen, Zitronenschale und -saft sowie den Himbeeressig dazugeben. Nach Geschmack würzen und servieren.

Platterbsensalat

Die auch »Ful Medames« genannten Platterbsen erhält man in Reformhäusern und arabischen Lebensmittelgeschäften. Dicke, schwarze oder Kidneybohnen sind aber auch ein guter Ersatz.

ZUTATEN

Für 6 Personen

350 g getrocknete Platterbsen
3 frische Thymianzweige
2 Lorbeerblätter
1 Zwiebel, halbiert
4 Knoblauchzehen, zerdrückt
1½ TL zerstoßene Kümmelkörner
3 Frühlingszwiebeln, fein gehackt
6 EL gehackte frische Petersilie
4 TL Zitronensaft
6 EL Olivenöl
3 hart gekochte Eier, grob gehackt
1 eingelegte Gewürzgurke, grob gewürfelt
Salz und gemahlener schwarzer Pfeffer

1 Platterbsen über Nacht mit reichlich kaltem Wasser bedeckt einweichen. Abgießen, in einem Topf mit frischem Wasser bedecken, zum Kochen bringen und 10 Minuten intensiv kochen lassen.

2 Temperatur reduzieren; Thymian, Lorbeerblätter und Zwiebel zugeben. Etwa 1 Stunde unter sanftem Köcheln garen. Abgießen, Kräuter und Zwiebel entfernen.

GUTER TIPP

Die Kochzeit für getrocknete Erbsen kann stark variieren. Sie benötigen evtl. nur 45 Minuten oder aber auch viel länger.

3 Platterbsen in eine große Schüssel geben. Knoblauch, Kümmel, Frühlingszwiebeln, Petersilie, Zitronensaft und Öl in einer kleinen Schüssel verrühren; salzen und pfeffern. Über die Bohnen geben und sanft durchheben.

4 Vorsichtig Eier und Gurke unterheben. Salat in eine Salatschüssel umfüllen und sofort servieren.

Bulgursalat

Das Wichtigste in diesem Salat sind die frischen Kräuter mit ihren sommerlichen Aromen. Getrocknete Kräuter sind daher kein guter Ersatz.

ZUTATEN

Für 4 Personen

225 g Bulgur (Weizenschrot)
350 ml Gemüsebrühe
1 Zimtstange
eine Prise gemahlener Kümmel
eine Prise Cayennepfeffer
eine Prise gemahlene Gewürznelken
1 TL Salz
10 Zuckerschoten, geputzt
1 rote und 1 gelbe Paprikaschote, gebacken, geschält, entkernt und gewürfelt
2 Eiertomaten, geschält, entkernt und gewürfelt
2 Schalotten, in dünne Streifen geschnitten
5 schwarze Oliven, entkernt und geviertelt
je 2 EL gehacktes frisches Basilikum, Minze und Petersilie
2 EL grob gehackte Walnüsse
2 EL Balsamessig
120 ml Olivenöl (Extra Vergine)
gemahlener schwarzer Pfeffer
Zwiebelringe, zum Garnieren

1 Bulgur in eine große Schale geben. Brühe in einem Topf mit den Gewürzen und Salz zum Kochen bringen.

2 1 Minute kochen lassen, dann mit der Zimtstange über den Bulgur geben. 30 Minuten ziehen lassen.

3 In einer anderen Schüssel Zuckerschoten, Paprika, Tomaten, Schalotten, Oliven, Kräuter und Walnüsse vermengen. Essig, Olivenöl und etwas schwarzen Pfeffer dazugeben und gründlich durchrühren.

4 Bulgur in ein Sieb abgießen und die Zimtstange entfernen. Bulgur in eine Salatschüssel geben, die Gemüsemischung einrühren und mit Zwiebelringen garniert servieren.

Fruchtiger Reissalat

Dieser Salat erhält ein asiatisch anmutendes Dressing. Brauner Reis hat ein nussiges Aroma.

ZUTATEN

Für 4–6 Personen

115 g brauner Reis
1 kleine rote Paprikaschote, entkernt und gewürfelt
200 g-Dose Maiskörner, abgegossen
3 EL Sultaninen
225 g-Dose Ananasstücke im eigenen Saft
1 EL helle Sojasauce
1 EL Sonnenblumenöl
1 EL Haselnussöl
1 Knoblauchzehe, zerdrückt
1 TL fein gehackte frische Ingwerwurzel
Salz und gemahlener schwarzer Pfeffer
4 Frühlingszwiebeln, in Scheiben geschnitten, zum Garnieren

1 Reis in einem großen Topf mit leicht gesalzenem Wasser 30 Minuten gar kochen. Gründlich abtropfen und abkühlen lassen. In der Zwischenzeit die Garnierung vorbereiten. Frühlingszwiebeln diagonal in Scheiben schneiden und beiseite stellen.

2 Reis in eine große Salatschüssel umfüllen und Paprika, Mais und Sultaninen dazugeben. Die Ananasstücke abgießen, Saft auffangen, dann die Stücke zur Reismischung geben und sanft durchheben.

3 Ananassaft in ein Schraubglas füllen. Sojasauce, Öle, Knoblauch und Ingwer zugeben. Salzen und pfeffern. Das Glas verschließen und kräftig schütteln.

4 Dressing über den Salat geben; durchheben. Mit Frühlingszwiebeln bestreuen und servieren.

GUTER TIPP

Haselnussöl verleiht jedem Dressing einen einzigartigen Geschmack. Wie Olivenöl enthält es hauptsächlich einfach ungesättigte Fette.

Kuskus-Salat

Es gibt viele Möglichkeiten, Kuskus zu servieren. Dieser Salat hat einen feinen Geschmack und passt gut zu gegrilltem Hühnchen oder Grillspießen.

ZUTATEN

Für 4 Personen

275 g Kuskus
550 ml kochende Gemüsebrühe
16–20 schwarze Oliven
2 kleine Zucchinis
25 g Mandelblättchen, geröstet
4 EL Olivenöl
1 EL Zitronensaft
1 EL gehackter frischer Koriander
1 EL gehackte frische Petersilie
eine gute Prise gemahlener Kümmel
eine gute Prise Cayennepfeffer
Salz

1 Kuskus in eine Schüssel geben und mit kochender Brühe übergießen. Mit einer Gabel durchrühren und 10 Minuten stehen lassen, bis die Brühe aufgenommen ist. Mit der Gabel auflockern.

2 Die Oliven halbieren und entkernen. Zucchini putzen und in dünne Juliennestreifen schneiden.

3 Zucchinis, Oliven und Mandeln vorsichtig mit dem Kuskus durchheben.

4 Olivenöl, Zitronensaft, Kräuter, Gewürze und eine Prise Salz in einer kleinen Schüssel vermischen. Mit dem Salat verrühren.

Orangen-Bulgur-Salat

Bulgur oder Weizenschrot ist eine hervorragende Alternative zu Reis oder Nudeln für einen gehaltvollen Beilagensalat.

ZUTATEN

Für 4 Personen

1 kleine grüne Paprikaschote
150 g Bulgur (Weizenschrot)
¼ Salatgurke, gewürfelt
15 g gehackte frische Minze
40 g Mandelblättchen, geröstet
abgeriebene Schale und Saft von 1 Zitrone
2 kernlose Orangen, geschält
Salz und gemahlener schwarzer Pfeffer
frische Minzezweige, zum Garnieren

1 Paprika mit einem scharfen Messer halbieren und sorgfältig entkernen. In kleine Würfel schneiden und beiseite stellen.

2 Bulgur mit 600 ml Wasser in einen Topf geben. Zum Kochen bringen, Temperatur reduzieren, abdecken und 10–15 Minuten weich kochen. Alternativ Bulgur in eine feuerfeste Schüssel geben, mit kochendem Wasser übergießen und 30 Minuten einweichen lassen. Das Wasser sollte dann fast vollständig aufgenommen sein; Überschuss abgießen.

3 Bulgur in einer Salatschüssel mit Gurke, Paprika, Minze und Mandelblättchen durchheben. Zitronenschale und -saft dazugeben.

4 Orangen über der Schüssel filetieren. Filets zur Bulgurmischung geben, mit Salz und Pfeffer abschmecken und sanft durchheben. Mit Minzezweigen garnieren und servieren.

ABWANDLUNG
BULGURSALAT MIT FENCHEL UND GRANATÄPFELN

Diese Variante macht sich die knackige Konsistenz des Fenchels und die Süße der Granatapfelkerne zunutze. Ideal für ein sommerliches Essen.

ZUTATEN

Für 6 Personen

225 g Bulgur (Weizenschrot)
2 Fenchelknollen
1 kleine rote Chili, entkernt, fein gehackt
1 Selleriestange, in dünnen Scheiben
2 EL Olivenöl
abgeriebene Schale und Saft von 1 Zitrone
6–8 Frühlingszwiebeln, gehackt
6 EL gehackte frische Minze
6 EL gehackte frische Petersilie
Kerne von 1 Granatapfel
Salz und gemahlener schwarzer Pfeffer
Salatblätter, zum Servieren

1 Bulgur in eine Schüssel geben und mit kochendem Wasser bedecken. 30 Minuten einweichen lassen.

2 Durch ein Sieb abgießen und ausdrücken.

3 Den Fenchel halbieren und in sehr dünne Streifen schneiden.

4 Übrige Zutaten mischen und mit Bulgur und Fenchel verrühren. Gut würzen, abdecken und vor dem Servieren auf Salatblättern 30 Minuten ziehen lassen.

SALAT ALS HAUPTGERICHT

Salat Niçoise

In Verbindung mit einem knusprigen Baguette ergibt dieser Klassiker ein sommerliches Mittagessen oder ein herrlich leichtes Abendbrot.

ZUTATEN

Für 4–6 Personen

225 g grüne Bohnen
450 g neue Kartoffeln, geschält und in 2,5 cm große Stücke geschnitten
Weißweinessig und Olivenöl, zum Besprenkeln
1 kleiner Romana- oder Kopfsalat, in mundgerechte Stücke gezupft
4 reife Eiertomaten, geviertelt
1 kleine Salatgurke, geschält, entkernt und gewürfelt
1 grüne oder rote Paprikaschote, entkernt und in dünne Streifen geschnitten
4 hart gekochte Eier, geschält, geviertelt
24 schwarze Oliven
225 g-Dose Thunfisch mit Aufguss, abgetropft
50 g-Dose Sardellenfilets in Olivenöl, abgetropft
Basilikumblätter, zum Garnieren
Knoblauchcroûtons, zum Servieren

Für die Sardellenvinaigrette

4 TL Dijon-Senf
50 g-Dose Sardellenfilets in Olivenöl, abgetropft
1 Knoblauchzehe, zerdrückt
4 EL Zitronensaft oder Weißweinessig
120 ml Sonnenblumenöl
120 ml Olivenöl (Extra Vergine)
gemahlener schwarzer Pfeffer

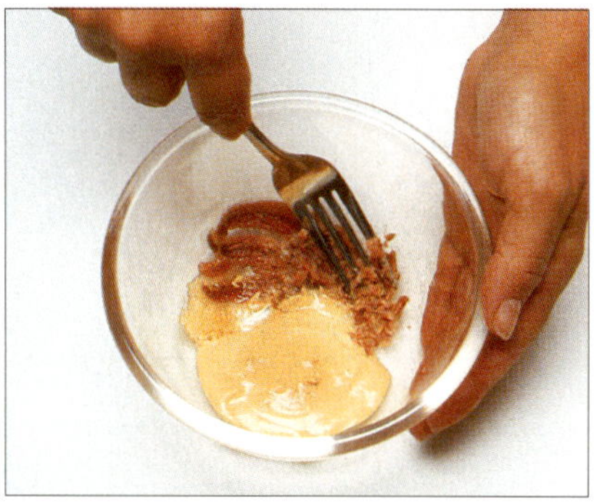

1 Zunächst die Sardellenvinaigrette zubereiten: Senf, Sardellen und Knoblauch in eine Schüssel geben und mit Gabeldruck an der Schüsselwand vermengen. Großzügig mit Pfeffer abschmecken. Mit einem kleinen Schneebesen Zitronensaft oder Essig unterschlagen. Langsam unter Schlagen nacheinander die Öle in einem dünnen Strahl zugeben. Schlagen, bis das Dressing glatt und cremig ist.

2 Alternativ alle Zutaten mit Ausnahme der Öle im Mixer mischen. Bei laufender Maschine langsam die Öle in dünnem Strahl hineingießen, bis die Vinaigrette dickflüssig und cremig ist.

3 Bohnen in einem großen Topf mit sprudelndem Wasser 3 Minuten zart, aber noch bissfest, garen. Mit dem Schaumlöffel in ein Sieb umfüllen und unter fließendem kaltem Wasser abspülen. Abtropfen lassen und auf die Seite stellen.

4 Kartoffeln in denselben Topf geben, Temperatur reduzieren und 10–15 Minuten köchelnd garen, dann abgießen. Mit etwas Essig, Olivenöl und einem Löffel Vinaigrette besprenkeln.

5 Salatblätter auf einem Vorlegeteller auslegen, darauf zunächst Tomaten, Gurke und Paprika und abschließend Bohnen und Kartoffeln anrichten.

6 Eier um den Rand verteilen. Oliven, Thunfisch und Sardellen auf den Salat geben und mit Basilikumblättern garnieren. Mit Vinaigrette beträufeln und mit Knoblauchcroûtons servieren.

GUTER TIPP

Für die Knoblauchcroûtons: Baguette in dünne Scheiben oder knuspriges Landbrot in 2,5 cm große Würfel schneiden. Brot in einer Lage auf Backpapier ausbreiten und 7–10 Minuten im auf 180 °C (Gasherd: Stufe 4) vorgeheizten Backofen goldgelb rösten; einmal wenden. Brot mit einer Knoblauchzehe einreiben; warm servieren oder abkühlen lassen und in einem luftdicht schließenden Gefäß lagern.

Marokkanischer Thunfischsalat

Dieser Salat entspricht dem klassischen Salat Niçoise, er enthält aber Thunfisch- oder Schwertfischsteaks und neben den grünen Bohnen auch frische dicke Bohnen.

ZUTATEN

Für 6 Personen

etwa 900 g frischer Thun- oder Schwertfisch, in 2 cm dicke Steaks geschnitten
Olivenöl, zum Bestreichen

Für den Salat

450 g grüne Bohnen, geputzt
450 g dicke Bohnen
1 Romanasalat
450 g Cocktailtomaten, halbiert
2 EL grob gehackter frischer Koriander
3 hart gekochte Eier
3 EL Olivenöl
2–3 TL Limetten- oder Zitronensaft
½ Knoblauchzehe, zerdrückt
175–225 g entkernte schwarze Oliven

Für die Marinade

1 Zwiebel
2 Knoblauchzehen
½ Bund frische Petersilie
½ Bund frischer Koriander
2 TL Paprikapulver
3 EL Olivenöl
2 EL Weißweinessig
1 EL Limetten- oder Zitronensaft

1 Alle Zutaten für die Marinade in den Mixer geben, 3 EL Wasser zufügen und 30–40 Sekunden fein hacken.

2 Fischsteaks rundum mit der Gabel einstechen, auf einen flachen Teller legen und unter Wenden mit Marinade übergießen, um den Fisch rundum zu überziehen. Mit Frischhaltefolie abdecken und 2–4 Stunden an einem kühlen Ort marinieren lassen.

3 Grüne und dicke Bohnen in sprudelndem Salzwasser gar kochen. Abgießen und unter kaltem Wasser abschrecken. Äußere Haut der dicken Bohnen entfernen und mit den grünen Bohnen in eine große Salatschüssel geben.

4 Äußere Salatblätter entfernen und innere Blätter in mundgerechte Stücke zupfen. Mit Tomaten und Koriander zum Salat geben. Eier schälen und achteln. Olivenöl, Limetten- oder Zitronensaft und Knoblauch zu einem Dressing vermischen.

5 Backofengrill vorheizen und Fischsteaks in eine Grillpfanne geben. Mit der Marinade und etwas Olivenöl bestreichen und 5–6 Minuten von jeder Seite grillen, bis der Fisch gar ist und unter Druck zerfällt. Beim Wenden erneut mit Marinade und Olivenöl bestreichen.

6 Fisch etwas abkühlen lassen, dann in große Stücke teilen. Zusammen mit Oliven und Dressing mit dem Salat durchheben. Mit Eiern dekorieren und servieren.

Warmer Fischsalat mit Mangodressing

Dieser Salat schmeckt am besten auf einer Grillparty. Im Dressing finden der volle Geschmack der saftigen Mango und scharfer Chili, Ingwer und Limette zusammen.

ZUTATEN

Für 4 Personen

1 Baguette
4 Rotbarsche, Brassen oder Meerbrassen à 275 g
1 EL Pflanzenöl
1 Mango
1 cm frischer Ingwer
1 rote Chilischote, entkernt und fein gehackt
2 EL Limettensaft
2 EL gehackter frischer Koriander
175 g junger Spinat
150 g Pak Choi
175 g Cocktailtomaten, halbiert

1 Backofen auf 180 °C (Gasherd: Stufe 4) vorheizen. Baguette in 20 cm lange Stücke schneiden. Aufschneiden, dann in dicke Stifte schneiden. Auf Backpapier ausbreiten, 15 Minuten im Backofen rösten.

2 Grill vorheizen oder Holzkohlengrill anzünden und Flammen niederbrennen lassen. Den Fisch auf beiden Seiten tief einschneiden und mit Öl bestreichen. 6 Minuten grillen, dabei einmal wenden.

3 Die Mango schälen und halbieren. Eine Hälfte in dünne Scheiben schneiden und auf die Seite stellen. Die andere Hälfte in den Mixer geben. Ingwer schälen, fein reiben und mit Chili, Limettensaft und Koriander in den Mixer geben. Alles glatt mixen. Die Konsistenz mit 2–3 EL Wasser dünnflüssig machen.

4 Spinat- und Pak-Choi-Blätter waschen und trocken schleudern, dann auf vier Salatteller verteilen. Fisch auf das Bett legen. Dressing darüber geben und mit Mangoscheiben und Tomatenhälften anrichten. Mit knusprigen Baguettestiften servieren.

Gegrillter Lachs mit Frühlingsgemüse

Der Frühling ist die Zeit der frischen, knackigen Gemüse. Blanchieren Sie sie kurz, lassen Sie sie abkühlen und servieren Sie sie mit kurz gegrilltem Lachs, Sauerampfer und Wachteleiern.

ZUTATEN

Für 4 Personen

350 g kleine neue Kartoffeln, abgeschrubbt
4 Wachteleier
115 g junge Karotten, geschält
115 g Babymaiskolben
115 g Zuckererbsen, geputzt
115 g grüne Bohnen, geputzt
115 g junge Zucchini
115 g Patissons (nach Belieben)
120 ml Vinaigrette
4 Lachsfilets ohne Haut, pro Stück ca. 150 g
115 g Sauerampfer ohne Stiele
Salz und frisch gemahlener schwarzer Pfeffer

1 Kartoffeln in Salzwasser aufkochen und 15 Minuten gar köcheln lassen. Abgießen, abdecken und warm stellen.

2 Wachteleier 8 Minuten in sprudelndem Wasser kochen. Unter kaltem Wasser abschrecken, schälen und halbieren.

3 Salzwasser in einem Topf zum Kochen bringen und Karotten, Mais, Zuckererbsen, Bohnen, Zucchini und Patissons darin 2–3 Minuten blanchieren. Gut abtropfen lassen. Heißes Gemüse und Kartoffeln in eine Schüssel geben, mit etwas Vinaigrette besprenkeln und abkühlen lassen.

4 Lachsfilets mit etwas Vinaigrette bestreichen und unter einmaligem Wenden 6 Minuten grillen.

5 Sauerampfer mit 2 EL Vinaigrette in einen Edelstahl- oder Emailletopf geben. Abdecken und 2 Minuten bei schwacher Hitze ziehen lassen. In ein kleines Sieb abgießen und auf Zimmertemperatur abkühlen lassen.

6 Kartoffeln und Gemüse auf vier große Teller verteilen und ein Stück Lachs daneben legen. Auf jedes Filet einen Löffel Sauerampfer und zwei Wachteleihälften legen. Würzen und bei Zimmertemperatur servieren.

ABWANDLUNG

Statt Sauerampfer können Sie auch junge Spinatblätter verwenden. Sie werden auf die gleiche Weise gekocht wie der Sauerampfer.

Asia-Nudeln mit Ananas, Ingwer und Chilis

Das Dressing aus Kokosmilch, Limette und Fischsauce ist die perfekte Ergänzung zu diesem fruchtig-pikanten Salat.

ZUTATEN

Für 4 Personen

275 g getrocknete Udon-Nudeln
½ Ananas, geschält, entkernt und in 4 cm dicke Ringe geschnitten
3 EL heller brauner Zucker
4 EL Limettensaft
4 EL Kokosmilch
2 EL thailändische Fischsauce
2 EL geriebener frischer Ingwer
2 Knoblauchzehen, fein gehackt
1 reife Mango oder 2 Pfirsiche, klein gewürfelt
gemahlener schwarzer Pfeffer
2 Frühlingszwiebeln, in dünnen Scheiben,
2 rote Chilischoten, entkernt, fein gehackt,
frische Minzeblätter, zum Garnieren

1 Nudeln in einem großen Topf mit sprudelndem Wasser garen. Abtropfen lassen, unter kaltem Wasser abschrecken und erneut abtropfen lassen.

2 Ananasringe in einer feuerfesten Form mit 2 EL braunem Zucker bestreuen und 5 Minuten goldgelb grillen. Leicht abkühlen lassen und in kleine Würfel schneiden.

3 Limettensaft, Kokosmilch und Fischsauce in einer kleinen Schüssel verrühren. Restlichen Zucker, Ingwer, Pfeffer und Knoblauch zugeben und gut verschlagen. Nudeln und Ananas hinzufügen.

4 Mango oder Pfirsiche dazugeben und durchheben. Vor dem Servieren mit Frühlingszwiebeln, Chilis und Minzeblättern bestreuen.

Buchweizennudeln mit Räucherlachs

Junge Erbsschoten sind nur eine kurze Zeit erhältlich. Sie können sie durch Brunnenkresse, Kapuzinerkresse, jungen Lauch oder jedes gewünschte grüne Gemüse oder Kraut ersetzen.

ZUTATEN

Für 4 Personen

225 g Buchweizen- oder Soba-Nudeln
1 EL Austernsauce
Saft von ½ Zitrone
2–3 EL helles Olivenöl
115 g Räucherlachs, in dünne Streifen geschnitten
115 g junge Erbsschoten
2 reife Tomaten, geschält, entkernt, in Streifen geschnitten
1 EL geschnittener Schnittlauch
gemahlener schwarzer Pfeffer

1 Nudeln in einem großen Topf mit sprudelndem Wasser nach Anleitung des Herstellers gar kochen. Abgießen, unter kaltem Wasser abspülen und gründlich abtropfen lassen.

2 Nudeln in eine große Schüssel geben. Austernsauce und Zitronensaft dazugeben und mit Pfeffer abschmecken. Nudeln mit Olivenöl besprenkeln.

3 Räucherlachs, Erbsschoten, Tomaten und Schnittlauch hinzufügen. Gut durchheben und sofort servieren.

Nudelsalat mit Räucherforelle

In diesem Salat dürfen Tomaten nicht fehlen. Für besondere Anlässe empfiehlt sich geräucherter Lachs.

ZUTATEN

Für 4 Personen

225 g Somen-Nudeln
2 geräucherte Forellen, gehäutet, entgrätet
2 hart gekochte Eier, grob gehackt
2 EL geschnittener frischer Schnittlauch
Limettenhälften, zum Servieren (nach Belieben)

Für das Dressing

6 reife Eiertomaten
2 Schalotten, fein gehackt
2 EL kleine Kapern, abgespült
2 EL gehackter frischer Estragon
abgeriebene Schale und Saft von ½ Orange
4 EL Olivenöl (Extra Vergine)
Salz und gemahlener schwarzer Pfeffer

1 Tomaten für das Dressing halbieren, entkernen und in Stücke schneiden.

2 Tomaten mit Schalotten, Kapern, Estragon, Orangenschale und -saft sowie Olivenöl in eine Schüssel geben. Mit Salz und Pfeffer abschmecken und gut mischen. 1–2 Stunden bei Zimmertemperatur marinieren lassen.

3 Nudeln in einem großen Topf mit sprudelndem Wasser nach Anleitung des Herstellers garen. Abgießen, kalt abspülen und gründlich abtropfen lassen.

4 Nudeln mit dem Dressing durchheben und abschmecken. Auf einem großen Vorlegeteller oder auf einzelnen Tellern anrichten.

5 Forelle über den Nudeln auseinander zupfen, dann mit Eiern und Schnittlauch bestreuen. Mit Limettenhälften auf dem Tellerrand servieren.

Salat mit Räucherforelle und Meerrettich

Kombinieren Sie die Salatblätter mit geräucherten Forellenfilets, warmen neuen Kartoffeln und einem cremigen Meerrettichdressing.

ZUTATEN

Für 4 Personen

675 g neue Kartoffeln
4 geräucherte Forellenfilets
115 g Blattsalatmischung
4 Scheiben dunkles Roggenbrot, in Stifte geschnitten
Salz und gemahlener schwarzer Pfeffer

Für das Dressing

4 EL Sahnemeerrettich
4 EL Erdnussöl
1 EL Weißweinessig
2 TL Kümmelkörner

1 Kartoffeln abschrubben. In einem Topf Salzwasser zum Kochen bringen und die Kartoffeln darin 15 Minuten gar köcheln lassen. Die Haut von den Forellenfilets abziehen und die Gräten entfernen.

2 Alle Zutaten für das Dressing in ein Schraubglas geben und kräftig schütteln. Salatblätter würzen und mit Dressing besprenkeln. Auf vier Teller verteilen.

3 Forellenfilets zerkleinern und Kartoffeln halbieren. Zusammen mit Brotstiften über den Salat verteilen und durchheben. Salat nach Geschmack würzen und servieren.

GUTER TIPP

Manchmal empfiehlt es sich, eher die Salatblätter zu würzen als das Dressing.

Garnelen-Artischocken-Salat

Der milde Geschmack der Garnelen und der Artischockenherzen wird hier durch das frische Kräuterdressing verfeinert.

ZUTATEN

Für 4 Personen

1 Knoblauchzehe
2 TL Dijon-Senf
4 EL Rotweinessig
150 ml Olivenöl
3 EL gezupfte frische Basilikumblätter oder 2 EL fein gehackte frische Petersilie
1 rote Zwiebel, in dünnen Streifen
350 g geschälte gekochte Garnelen
400 g-Dose Artischockenherzen
½ Eisbergsalat
Salz und gemahlener schwarzer Pfeffer

1 Knoblauch hacken, dann mit 1 TL Salz mit der flachen Klinge eines großen Messers zerdrücken. Knoblauch und Senf in einer kleinen Schüssel mischen.

2 Nacheinander Essig und Olivenöl einrühren und zu einem sämigen Dressing verschlagen. Mit Salz und schwarzem Pfeffer abschmecken.

3 Nacheinander Basilikum oder Petersilie und Zwiebel in das Dressing rühren. 30 Minuten bei Zimmertemperatur ziehen lassen, dann Garnelen einrühren und mindestens 1 Stunde in den Kühlschrank stellen.

4 Artischockenherzen abtropfen lassen und halbieren. Den Salat in dünne Streifen schneiden.

5 Ein Salatbett auf einem Vorlegeteller oder vier Salattellern anrichten und die Artischockenherzen darüber verteilen.

6 Kurz vor dem Servieren die Garnelen und ihre Marinade über den Salat geben.

Krabbensalat »Ghana«

Die zunächst in der Schale gegarte Kochbanane verleiht diesem Salat eine exotische Note.

ZUTATEN

Für 4 Personen

115 g gekochte geschälte Krabben
1 Knoblauchzehe, zerdrückt
1½ TL Pflanzenöl
2 Eier
1 gelbe Kochbanane, halbiert
4 Salatblätter
2 Tomaten
1 rote Paprikaschote, entkernt
1 Avocado
Saft von 1 Zitrone
1 Karotte
200 g-Dose Thunfisch oder Sardinen
1 grüne Chilischote, fein gehackt
2 EL gehackte Frühlingszwiebeln
Salz und gemahlener schwarzer Pfeffer

1 Krabben und Knoblauch in eine kleine Schüssel geben und leicht würzen.

2 Öl in einem kleinen Topf erhitzen und Krabben einige Minuten bei schwacher Hitze anbraten. Auf einem Teller abkühlen lassen.

3 Eier hart kochen, unter kaltem Wasser abschrecken, schälen und in Scheiben schneiden.

4 Ungeschälte Kochbanane 15 Minuten in einem Topf mit Wasser kochen; abkühlen lassen, schälen und in dicke Scheiben schneiden.

5 Salat in Streifen schneiden und auf einem Vorlegeteller anrichten. Tomaten und Paprika in Stücke schneiden und Avocado schälen, in Scheiben schneiden und mit etwas Zitronensaft beträufeln.

6 Die Karotte in Stifte schneiden und mit dem übrigen Gemüse auf dem Salatbett anrichten.

7 Kochbanane, Eier, Krabben und Thunfisch oder Sardinen hinzufügen. Mit dem restlichen Zitronensaft besprenkeln, mit Chili und Frühlingszwiebeln bestreuen, würzen und servieren.

ABWANDLUNG

Man kann auch andere Fischkonserven und eine Mischung interessanter Salatblätter verwenden.

Krabbensalat mit Curry-Dressing

Die Currygewürze verleihen diesem Salat Pfiff. Die warmen Aromen passen besonders gut zu den milden Garnelen und dem geriebenen Apfel. Da hier nichts gekocht wird, verwendet man besser Currypaste statt Pulver, das sein Aroma erst durch Kochen entfalten kann.

ZUTATEN

Für 4 Personen

1 reife Tomate
½ Eisbergsalat
1 kleine Zwiebel
1 kleiner Bund frischer Koriander
1 EL Zitronensaft
450 g geschälte gekochte Krabben
1 Apfel
8 ganze Garnelen, 8 Zitronenspalten und 4 frische Korianderzweige, zum Garnieren
Salz

Für das Curry-Dressing

5 EL Majonäse
1 TL milde Currypaste
1 EL Tomatenketschup
Sake (Reiswein)

1 Tomaten zum Häuten kreuzförmig einschneiden und 30 Sekunden in kochendes Wasser tauchen. Abtropfen und unter fließendem Wasser abkühlen lassen. Die Haut abziehen. Die Tomaten halbieren und die Kerne mit den Fingern heraus drücken. Dann das Fruchtfleisch in große Würfel schneiden.

2 Salat fein hobeln und in eine große Schüssel geben. Zwiebel und Koriander fein hacken. Mit der Tomate in die Schüssel geben, mit Zitronensaft besprenkeln und mit Salz abschmecken.

3 Majonäse, Currypaste und Ketschup in einer kleinen Schüssel mischen. Mit 2 EL Wasser verdünnen; mit Salz abschmecken.

GUTER TIPP

Koriander fällt zusammen, wenn er kein Wasser bekommt. Stellen Sie ihn in ein Glas Wasser, decken Sie ihn mit einem Gefrierbeutel ab und stellen Sie ihn für einige Tage in den Kühlschrank.

4 Die Krabben leicht mit dem Dressing durchheben, um sie gut damit zu überziehen.

5 Den Apfel vierteln, entkernen und anschließend über die Krabben reiben.

6 Die Salatmischung auf vier Salatteller oder -schüsseln verteilen. Die Krabbenmischung in die Mitte geben und jeweils mit zwei Garnelen, zwei Zitronenspalten und einem Korianderzweig garnieren.

Garnelensalat mit Minze

Die frischen rohen Garnelen verleihen diesem Salat das gewisse Etwas, wenn sie in Butter geschwenkt ihren pikanten Geschmack entfalten. Krönen Sie den Salat mit frischen Kokosflocken.

ZUTATEN

Für 4 Personen

12 große frische rohe Garnelen
1 EL Butter
1 EL thailändische Fischsauce
Saft von 1 Limette
3 EL Kokosmilch
1 TL Zucker
1 Knoblauchzehe, zerdrückt
2,5 cm frischer Ingwer, geschält, gerieben
2 rote Chilischoten, entkernt und fein gehackt
2 EL frische Minzeblätter
225 g grüne Salatblätter
gemahlener schwarzer Pfeffer

1 Garnelen sorgfältig schälen, Kopf und Schale entfernen, aber die Schwänze intakt lassen.

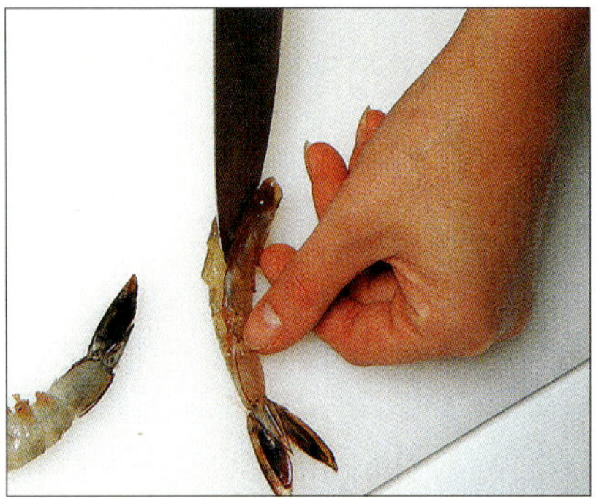

2 Die dunklen Darmfäden der Garnelen auf dem Rücken mit einem scharfen Messer entfernen.

3 Butter in einer großen Pfanne zerlassen. Wenn die Butter aufschäumt, Garnelen hinein geben und bei starker Hitze braten, bis sie kräftig rosa sind. Vom Herd nehmen. Sie dürfen nicht zu lange braten, weil sie sonst zäh werden.

4 Fischsauce, Limettensaft, Kokosmilch, Zucker, Knoblauch, Ingwer und Chilis in einer kleinen Schüssel mischen. Mit frisch gemahlenem schwarzem Pfeffer würzen.

5 Warme Garnelen mit Minzeblättern in der Sauce durchheben. Die Salatblätter auf einem Vorlegeteller anrichten und die Garnelenmischung in die Mitte geben.

GUTER TIPP

Wenn Sie keine frischen rohen Garnelen bekommen, sind auch gefrorene gut geeignet. Um ihren Geschmack voll zu entfalten, sollten sie aufgetaut schnell in heißer Butter geschwenkt werden.

ABWANDLUNG

Statt Garnelen kann man in diesem Gericht zu besonderen Anlässen auch Hummerschwänze verwenden.

Gemischter Meeresfrüchtesalat

Greifen Sie hier zu frischen Meeresfrüchten der Saison oder zu einer Mischung aus frischen und tiefgefrorenen Meeresfrüchten.

ZUTATEN

Für 6–8 Personen

350 g kleine Kalmare
1 kleine Zwiebel, geviertelt
1 Lorbeerblatt
200 g rohe Krabben in der Schale
750 g frische Miesmuscheln
450 g frische kleine Jakobsmuscheln
175 ml Weißwein
1 Fenchelknolle

Für das Dressing

5 EL Olivenöl (Extra Vergine)
3 EL Zitronensaft
1 Knoblauchzehe, fein gehackt
Salz und gemahlener schwarzer Pfeffer

1 Zunächst in der Nähe der Spüle die dünne Haut von den Kalmaren abziehen. Gut abwaschen.

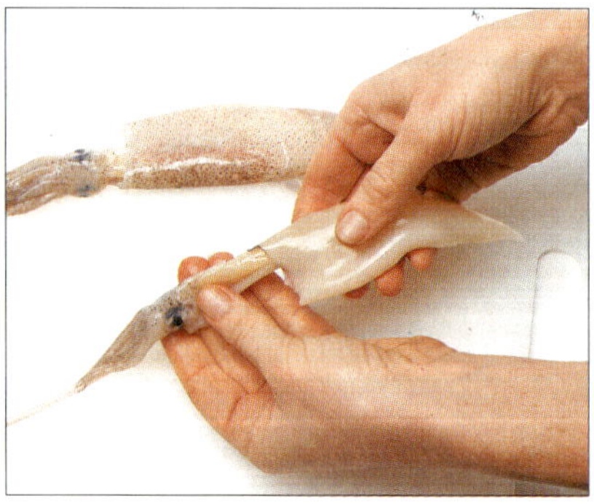

2 Kopf und Tentakel vom Mantel trennen. Die transparente Schwimmblase und etwaige Innereien aus dem Mantel entfernen. Tentakel und Kopf trennen.

3 Kopf und Innereien wegwerfen. Den kleinen harten Schnabel in der Mitte der Tentakel entfernen. Mantel und Tentakel unter kaltem Wasser abspülen. Abtropfen lassen.

4 Wasser in einem großen Topf zum Kochen bringen. Zwiebel und Lorbeerblatt hinein geben und Kalmare etwa 10 Minuten garen. Mit einem Schaumlöffel heraus nehmen, abkühlen lassen und in 1 cm dicke Ringe schneiden. Jede Tentakelsektion in zwei Teile schneiden und auf die Seite stellen.

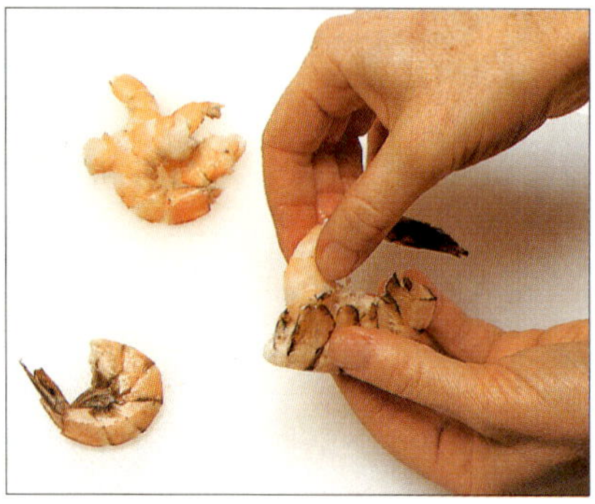

5 Krabben in das kochende Wasser geben und etwa 2 Minuten kochen, bis sie rosa sind. Mit dem Schaumlöffel heraus nehmen, schälen und putzen. (Die Kochflüssigkeit kann durch ein Sieb gefiltert und für eine Suppe aufbewahrt werden).

6 »Moos« der Muscheln entfernen. Muscheln unter mehrmaligem Wasserwechsel schrubben. Offene Muscheln sollten sich schließen, wenn man kräftig darauf klopft; andernfalls unbedingt wegwerfen! Mit dem Wein in einen großen Topf geben. Abdecken und dämpfen, bis alle Schalen geöffnet sind (geschlossene wegwerfen!). Aus dem Topf nehmen.

7 Alle Jakobsmuscheln mit einem kleinen Löffel aus der Schale lösen. In eine Salatschüssel geben. Bis auf acht alle Miesmuscheln aus den Schalen lösen und in die Salatschüssel geben. Die übrigen Muscheln in der halben Schale lassen und auf die Seite stellen.

8 Die grünen, farnartigen Teile des Fenchels abtrennen. Fein hacken und beiseite stellen. Knollen in mundgerechte Stücke schneiden und mit Kalmaren und Krabben in die Salatschüssel geben.

9 Öl, Zitronensaft und Knoblauch für das Dressing in einer Schüssel mischen. Gehacktes Fenchelgrün dazugeben und mit Salz und Pfeffer abschmecken. Über den Salat geben und gut durchheben. Mit den Muscheln in der halben Schale garnieren. Bei Zimmertemperatur oder leicht gekühlt servieren.

Avocado-Krebs-Salat mit Koriander

Die süße Fülle des Krebsfleischs harmoniert hier besonders gut mit der reifen Avocado, dem frischen Koriander und der Tomate.

ZUTATEN

Für 4 Personen

675 g kleine neue Kartoffeln
1 frischer Minzezweig
900 g gekochte Taschenkrebse oder 275 g tief gefrorenes Krebsfleisch
1 Endivien- oder Kopfsalat
175 g Feldsalat oder junge Spinatblätter
1 große Avocado, geschält, in Scheiben
175 g Cocktailtomaten
Salz, gemahlener schwarzer Pfeffer und frisch geriebene Muskatnuss

Für das Dressing

5 EL Olivenöl
1 EL Limettensaft
3 EL gehackter frischer Koriander
½ TL Zucker

1 Kartoffeln abschrubben oder schälen. Mit Wasser bedecken und eine gute Prise Salz und einen Minzezweig hinzugeben. Zum Kochen bringen und 15 Minuten gar köcheln lassen. Abgießen, dann abdecken und warm stellen.

2 Beine und Scheren der Krebse abtrennen, mit dem Rücken eines Kochmessers aufbrechen und das weiße Fleisch auslösen.

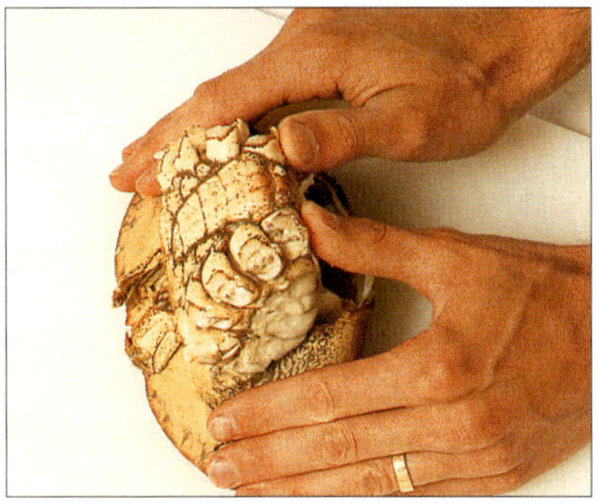

3 Krebs auf den Rücken drehen und den hinteren Teil der Schale am Beinansatz mit Daumen und Zeigefinger beider Hände öffnen. Fleisch aus der Schale lösen.

4 Die grauen »Totenfinger« (die Kiemen) entfernen. Abgesehen von diesen und der Schale ist alles genießbar, sowohl das weiße als auch das dunkle Fleisch.

5 Den Mittelteil des Körpers mit dem Messer öffnen und das Fleisch mit einem Zahnstocher oder einer Fleischnadel herauslösen.

6 Alle Zutaten für das Dressing in ein Schraubglas geben und schütteln. Salatblätter in eine große Schüssel geben, mit Dressing besprenkeln und gut durchheben.

7 Blätter auf vier Salatteller verteilen. Mit Avocado, Krebsfleisch, Tomaten und warmen Kartoffeln belegen. Mit Salz, Pfeffer und frisch geriebenem Muskat würzen und servieren.

GUTER TIPP

Junge Krebse haben das süßeste Fleisch, sind aber schwieriger zuzubereiten als die größeren Tiere. Das Weibchen hat mehr Fleisch als das Männchen, dem aber insgesamt ein besserer Geschmack nachgesagt wird. Das hier gezeigte Männchen ist an den größeren Scheren zu erkennen. Gefrorenes Krabbenfleisch ist eine gute Alternative und bewahrt das frische Aroma.

Thailändischer Nudelsalat

Kokosmilch und Sesamöl verleihen dem Dressing dieses farbenfrohen Nudelsalats eine nussige Note.

ZUTATEN

Für 4–6 Personen

350 g Somen-Nudeln
1 große Karotte, in dünne Streifen geschnitten
1 Bund grüner Spargel, geputzt und in 4 cm lange Stücke geschnitten
1 rote Paprikaschote, entkernt und in dünne Streifen geschnitten
115 g Zuckerschoten, geputzt und halbiert
115 g Babymaiskolben, längs halbiert
115 g Bohnensprossen
115 g-Dose Wasserkastanien, abgegossen und in dünne Streifen geschnitten
1 Limette, in Spalten geschnitten, 50 g geröstete Erdnüsse, grob gehackt, und frische Korianderblätter, zum Garnieren

Für das Dressing

3 EL grob gezupftes frisches Basilikum
5 EL grob gehackte frische Minze
250 ml Kokosmilch
2 EL dunkles Sesamöl
1 EL geriebener frischer Ingwer
2 Knoblauchzehen, fein gehackt
Saft von 1 Limette
2 Frühlingszwiebeln, fein gehackt
Salz und Cayennepfeffer

1 Alle Zutaten für das Dressing in einer Schüssel mischen. Mit Salz und Cayennepfeffer abschmecken.

2 Nudeln in einem großen Topf mit sprudelndem Wasser nach Anleitung des Herstellers garen. Abgießen, unter kaltem Wasser abspülen und gründlich abtropfen lassen.

3 Alle Gemüse bis auf die Wasserkastanien in getrennten Töpfen mit sprudelndem Salzwasser zart, aber noch bissfest kochen. Abgießen, sofort in Eiswasser tauchen und erneut abgießen.

4 Nudeln mit Gemüse, Wasserkastanien und Dressing durchheben. Auf Salattellern anrichten und mit Limettenspalten, gehackten Erdnüssen und Korianderblättern garnieren.

Garnelen-Nudelsalat mit Kräutern

Ein leichter Salat mit der ganzen Frische des Meeres. Statt der Garnelen können Sie auch Kalmare, Jakobsmuscheln oder Krebse nehmen.

ZUTATEN

Für 4 Personen

115 g Glasnudeln, in heißem Wasser eingeweicht
1 kleine grüne Paprikaschote, entkernt und in Streifen geschnitten
½ Salatgurke, in Streifen geschnitten
1 Tomate, in Streifen geschnitten
2 Schalotten, in dünnen Streifen
16 geschälte gekochte Garnelen
Salz und gemahlener schwarzer Pfeffer
frische Korianderblätter, zum Garnieren

Für das Dressing

1 EL Reisweinessig / 2 EL Limettensaft
2 EL thailändische Fischsauce
½ TL geriebener frischer Ingwer
1 Stängel Zitronengras, fein gehackt
1 rote Chilischote, entkernt, in dünne Scheiben geschnitten
2 EL grob gehackte frische Minze
einige Estragonzweige, grob gehackt
1 EL geschnittener frischer Schnittlauch
eine Prise Salz

1 Alle Zutaten für das Dressing in einer kleinen Schüssel verschlagen.

2 Nudeln abgießen und 1 Minute in einem Topf mit sprudelndem Wasser kochen. Abgießen, unter fließendem kaltem Wasser abspülen und abtropfen lassen.

3 Nudeln in einer großen Schüssel mit Paprika, Gurke, Tomate und Schalotten mischen. Vorsichtig mit Salz und Pfeffer abschmecken, dann mit dem Dressing durchheben.

GUTER TIPP

Garnelen sind fertig gekocht und oftmals geschält erhältlich. *Vorbereitung:* 5 Minuten kochen, in der Flüssigkeit abkühlen lassen, dann vorsichtig den Panzer am Schwanz abziehen und den Kopf abdrehen.

4 Nudeln auf einzelne Salatteller verteilen und mit Garnelen belegen. Mit einigen Korianderblättern garnieren und sofort servieren.

Eiernudelsalat mit Sesam-Hühnchen

Das pfannengerührte Hühnchen wird warm in einem Nest aus knackigem Salatgemüse und Nudeln serviert.

ZUTATEN

Für 4–6 Personen

400 g frische dünne Eiernudeln
1 Karotte, in dünnen langen Streifen
50 g Zuckerschoten, geputzt, in dünne Streifen geschnitten und blanchiert
115 g Bohnensprossen, blanchiert
2 EL Olivenöl
225 g Hühnerbrust ohne Haut und Knochen, in dünne Streifen geschnitten
2 EL Sesamkörner, geröstet
2 Frühlingszwiebeln, in dünnen Scheiben, und frische Korianderblätter, zum Garnieren

Für das Dressing

3 EL Sherryessig
5 EL Sojasauce
4 EL Sesamöl / 6 EL helles Olivenöl
1 Knoblauchzehe, fein gehackt
1 TL geriebener frischer Ingwer
Salz und gemahlener schwarzer Pfeffer

1 Alle Zutaten für das Dressing in einer kleinen Schüssel verschlagen. Nach Geschmack würzen.

2 Nudeln in einem großen Topf mit kochendem Wasser garen. Gelegentlich umrühren. Sie benötigen nur wenige Minuten Kochzeit; nicht zu lange kochen! Abgießen, unter fließendem kaltem Wasser abspülen und abtropfen lassen. In eine Schüssel geben.

3 Karotten, Zuckerschoten und Bohnensprossen zu den Nudeln geben. Etwa die Hälfte des Dressings dazugeben, gut durchheben und nach Geschmack würzen.

4 Öl in einer großen Pfanne erhitzen. Hühnchen 3 Minuten pfannenrühren, bis es gar und goldgelb ist. Vom Herd nehmen, Sesamkörner darüber streuen und mit etwas Dressing besprenkeln.

5 Nudelmischung auf einzelnen Salattellern zu Nestern arrangieren. Das Hühnchen ins Nest geben. Mit Frühlingszwiebeln und Korianderblättern bestreuen und das restliche Dressing separat reichen.

Nudelsalat mit Hühnchen

Eine ideale Gelegenheit, übrig gebliebenes gekochtes Hühnchen zu verwerten und mit Nudeln zu einem gehaltvollen Salat zu verarbeiten.

ZUTATEN

Für 4 Personen

225 g dreifarbige Spiralnudeln
2 EL fertig gekaufte Pesto
1 EL Olivenöl / 1 Fleischtomate
12 entkernte schwarze Oliven
225 g grüne Bohnen, gegart
350 g gekochtes Hühnchen, gewürfelt
Salz und gemahlener schwarzer Pfeffer
frisches Basilikum, zum Garnieren

1 Nudeln in reichlich sprudelndem Salzwasser *al dente* kochen (etwa 12 Minuten oder nach der Packungsanleitung).

2 Nudeln abgießen und gründlich unter kaltem Wasser abspülen. In eine Schüssel geben und mit Pesto und Olivenöl durchheben.

3 Tomate kreuzförmig einschneiden, 30 Sekunden in sprudelndes Wasser tauchen und häuten. In kleine Würfel schneiden.

4 Tomate und Oliven zu den Nudeln geben. Bohnen in 4 cm lange Stücke schneiden. Bohnen und Hühnchen zugeben und würzen. Sanft durchheben, auf einem Vorlegeteller anrichten, mit Basilikum garnieren und servieren.

Bressehuhnsalat mit Knoblauchbrot

Ein leichtes Vorgericht für acht Personen oder eine vollwertige Hauptspeise für vier.

ZUTATEN

Für 4 Personen

1,75 kg Bressehuhn
300 ml Weißwein und Wasser, gemischt
24 Baguettescheiben, etwa 5 mm dick
1 Knoblauchzehe, geschält
225 g grüne Bohnen
115 g junge Spinatblätter
2 Selleriestangen, in dünnen Scheiben
2 sonnengetrocknete Tomaten, gehackt
2 Frühlingszwiebeln, in dünnen Scheiben
frischer Schnittlauch und Petersilie, zum Garnieren

Für die Vinaigrette

2 EL Rotweinessig
6 EL Olivenöl
1 EL körniger Senf
1 EL klarer Honig
2 EL gehackte frische gemischte Kräuter wie Thymian, Petersilie, Schnittlauch
2 TL fein gehackte Kapern
Salz und gemahlener schwarzer Pfeffer

1 Backofen auf 190 °C (Gasherd: Stufe 5) vorheizen. Huhn mit Wein und Wasser in einen Bräter geben und 90 Minuten im Backofen garen. In der Flüssigkeit abkühlen lassen. Haut und Knochen entfernen und das Fleisch in kleine Stücke schneiden.

2 Alle Zutaten für die Vinaigrette in ein Schraubglas geben und kräftig schütteln. Nach Geschmack nachwürzen.

3 Baguettescheiben unter dem Backofengrill trocken und goldbraun toasten, dann leicht mit Knoblauch einreiben.

4 Bohnen putzen, in 5 cm lange Stücke schneiden und kurz in kochendem Wasser garen. Dann abgießen und unter kaltem Wasser abspülen.

5 Den Spinat waschen, Stiele entfernen und die Blätter in kleine Stücke zupfen. Auf einzelnen Salattellern mit Sellerie, Bohnen, Tomaten, Huhn und Frühlingszwiebeln anrichten.

6 Den Salat mit der Vinaigrette beträufeln. Mit Baguettescheiben belegen, mit frischem Schnittlauch und Petersilie garnieren und sofort servieren.

Warmer Hühnchensalat

Probieren Sie saftige Hühnchenstücke zu Gemüse und Reis mit einem leichten Chilidressing.

ZUTATEN

Für 6 Personen

50 g Blattsalatmischung
50 g junge Spinatblätter
50 g Brunnenkresse
2 EL Chilisauce
2 EL trockener Sherry
1 EL helle Sojasauce
1 EL Tomatenketschup
2 TL Olivenöl
8 Schalotten, fein gehackt
1 Knoblauchzehe, zerdrückt
350 g Hühnerbrust ohne Haut und Knochen, in schmale Streifen geschnitten
1 rote Paprikaschote, entkernt, in Streifen
175 g Zuckerschoten, geputzt
400 g-Dose Babymaiskolben, abgegossen und halbiert
275 g brauner Reis, gekocht
Salz und gemahlener schwarzer Pfeffer
frischer Petersilienzweig, zum Garnieren

1 Zu große Salatblätter in kleinere Stücke zupfen und mit den Spinatblättern auf einem Vorlegeteller ausbreiten. Brunnenkresse dazugeben und durchheben.

2 Chilisauce, Sherry, Sojasauce und Ketschup in einer kleinen Schüssel vermischen. Auf die Seite stellen.

3 Öl in einer großen Pfanne oder einem Wok erhitzen. Schalotten und Knoblauch bei mittlerer Hitze 1 Minute unter Rühren anbraten.

4 Das Hühnchen in den Wok geben und weitere 3–4 Minuten pfannenrühren.

5 Paprika, Zuckerschoten, Maiskolben und Reis zugeben; weitere 2–3 Minuten pfannenrühren.

6 Sauce darüber geben und 2–3 Minuten rühren, bis sie aufkocht. Nach Geschmack würzen.

7 Hühnchenmischung auf die Salatblätter geben, durchheben und sofort mit einem frischen Petersilienzweig garniert servieren.

ABWANDLUNG

Statt des Hühnchens kann man auch anderes mageres Fleisch wie Putenbrust, Rind oder Schwein verwenden.

Pikanter Hühnchensalat

Marinieren Sie das Hühnchen für diesen leckeren Salat im Voraus. Die übrige Zubereitung geht schnell.

ZUTATEN

Für 6 Personen

1 TL gemahlener Kümmel
1 TL Paprikapulver
1 TL gemahlene Kurkuma
1–2 Knoblauchzehen, zerdrückt
2 EL Limettensaft
4 Hühnerbrüste ohne Haut und Knochen
225 g Rigatoni-Nudeln
1 rote Paprikaschote, entkernt, gewürfelt
2 Selleriestangen, in dünnen Scheiben
1 Schalotte oder kleine Zwiebel, fein gehackt
25 g gefüllte grüne Oliven, halbiert
2 EL klarer Honig
1 EL körniger Senf
1–2 EL Limettensaft
Blattsalatmischung
Salz und gemahlener schwarzer Pfeffer

1 Kümmel, Paprikapulver, Kurkuma, Knoblauch und Limettensaft in einer Schüssel mischen. Salzen und pfeffern. Hühnerbrüste mit der Mischung einreiben, in eine flache Backform legen, mit Frischhaltefolie abdecken und 3 Stunden oder über Nacht marinieren lassen.

2 Backofen auf 200 °C (Gasherd: Stufe 6) vorheizen. Hühnchen in einer Lage auf dem Grill ausbreiten; 20 Minuten backen (oder 8–10 Minuten von jeder Seite grillen).

3 Rigatoni in einem großen Topf mit sprudelndem Salzwasser *al dente* kochen. Abgießen und unter kaltem Wasser abspülen. Gründlich abtropfen lassen.

4 Paprika, Sellerie, Schalotte oder Zwiebel und Oliven mit den Nudeln in eine große Schüssel geben und durchheben.

5 Honig, Senf und Limettensaft in einer kleinen Schüssel vermengen und über die Nudelmischung geben; durchheben.

6 Die Hühnerbrüste in mundgerechte Stücke schneiden. Salatblätter auf einem Vorlegeteller anrichten. Nudelmischung darauf geben und mit dem pikanten Hühnchen belegen.

Chicken-Maryland-Salat

Gegrilltes Hühnchen, Mais, Speck, Bananen und Brunnenkresse finden hier zu einem interessanten Salat zusammen. Servieren Sie ihn zu Folienkartoffeln mit einer Butterflocke.

ZUTATEN

Für 4 Personen

4 Brüste von Freilandhühnern, ohne Knochen
Öl, zum Bestreichen
225 g ungeräucherter Speck ohne Rinde
4 Maiskolben
3 EL weiche Butter (nach Belieben)
4 reife Bananen, geschält und halbiert
4 feste Tomaten, halbiert
1 Eskarol oder Kopfsalat
1 Bund Brunnenkresse
Salz und gemahlener schwarzer Pfeffer

Für das Dressing

5 EL Erdnussöl / 1 EL Weißweinessig
2 TL Ahornsirup
2 TL mittelscharfer Senf

1 Die Hühnerbrüste würzen, mit Öl bestreichen und unter einmaligem Wenden 15 Minuten grillen. Den Speck 8–10 Minuten knusprig grillen.

2 Salzwasser in einem großen Topf zum Kochen bringen. Maiskolben entweder schälen oder in den Hüllblättern belassen und 20 Minuten kochen.

3 Die Maiskolben für einen besseren Geschmack mit Butter bestreichen und unter dem Grill bräunen. Bananen und Tomaten 6–8 Minuten grillen; auch sie können für ein gutes Aroma mit Butter bestrichen werden.

4 Für das Dressing: Essig, Ahornsirup und Senf mit 1 EL Wasser in ein Schraubglas geben und kräftig schütteln.

5 Salat- und Kresseblätter waschen und trocken schleudern. In eine große Schüssel geben, mit Dressing übergießen; durchheben.

6 Salatblätter auf vier große Salatteller verteilen. Hühnchen aufschneiden und zusammen mit Speck, Bananen, Maiskolben und Tomaten auf dem Salat anrichten.

Hühnchensalat mit Zunge und Gruyère

Die süßen Aromen dieses Salats passen gut zur herzhaft pfeffrigen Brunnenkresse. Das Minze-Zitronen-Dressing liefert dabei einen frischen Akzent. Servieren Sie dazu warme neue Kartoffeln.

ZUTATEN

Für 4 Personen

2 Brüste von Freilandhühnern, ohne Haut und Knochen
½ Würfel Hühnerbrühe
225 g Ochsenzunge oder gekochter Schinken, in 5 mm dicken Scheiben
225 g Gruyèrekäse
1 Lollo Rosso
1 Kopf- oder Endiviensalat
1 Bund Brunnenkresse
2 grüne Äpfel, entkernt, in Scheiben
3 Selleriestangen, in Scheiben geschnitten
4 EL Sesamkörner, geröstet
Salz, gemahlener schwarzer Pfeffer und frisch gemahlene Muskatnuss

Für das Dressing

5 EL Erdnuss- oder Sonnenblumenöl
1 TL Sesamöl / 3 EL Zitronensaft
2 TL gehackte frische Minze
3 Tropfen Tabascosauce

1 Hühnerbrüste in einem flachen Topf mit 300 ml Wasser bedecken, 1/2 Brühwürfel zugeben und zum Kochen bringen. Topf abdecken und das Ganze 15 Minuten köcheln lassen. Hühnchen abtropfen lassen, die Brühe aufbewahren und das Fleisch unter kaltem Wasser abkühlen lassen.

2 Öle, Zitronensaft, Minze und Tabasco für das Dressing in ein Schraubglas geben und kräftig schütteln. Hühnchen, Zunge (oder Schinken) und Käse in schmale Streifen schneiden. Mit ein wenig Dressing besprenkeln und auf die Seite stellen.

3 Salat- und Kresseblätter mit Apfel und Sellerie mischen. Dressing darüber geben und durchheben. Auf vier Salatteller verteilen. Hühnchen, Zunge oder Schinken und Käse in die Mitte geben, mit Sesamkörnern bestreuen, mit Salz, Pfeffer und frisch geriebenem Muskat würzen und servieren.

Curryhühnchen-Salat

Hier verbindet sich eine mild würzige Sauce mit magerem Hühnchenfleisch auf Nudeln und Gemüse.

ZUTATEN

Für 4 Personen

2 gekochte Hühnerbrüste ohne Haut und Knochen
175 g grüne Bohnen
350 g bunte Penne-Nudeln
150 g Naturjoghurt
1 TL mildes Currypulver
1 Knoblauchzehe, zerdrückt
1 grüne Chilischote, entkernt, fein gehackt
2 EL gehackter frischer Koriander
4 feste reife Tomaten, geschält, entkernt und in Streifen geschnitten
Salz und gemahlener schwarzer Pfeffer
frische Korianderblätter, zum Garnieren

1 Hühnchen in Scheiben schneiden. Bohnen in 2,5 cm lange Stücke schneiden. 5 Minuten in sprudelndem Wasser garen. Abgießen, unter kaltem Wasser abspülen.

2 Nudeln in einem großen Topf mit Salzwasser *al dente* kochen. Abgießen und gründlich abspülen.

3 Joghurt, Currypulver, Knoblauch, Chili und Koriander für die Sauce in einer Schüssel vermischen. Die Hühnchenscheiben einrühren und 30 Minuten stehen lassen.

4 Nudeln in eine große Salatschüssel füllen und mit Bohnen und Tomaten durchheben. Hühnchen mit Sauce darüber geben, mit Korianderblättern garnieren und servieren.

»Poor Boy«-Steak-Salat

Dieses Essen gehörte zum Alltag der italienisch-kreolischen Bevölkerung von New Orleans, als die Armen von mit Resten belegten Sandwiches leben mussten. Heute ist das »Poor Boy«-Sandwich meist mit zartem Beefsteak und anderen Leckereien belegt. Hier nun die Salatversion des »Poor Boy«.

ZUTATEN

Für 4 Personen

4 Filet- oder Rumpsteaks à 175 g
1 Eskarol
1 Bund Brunnenkresse
4 Tomaten, geviertelt
4 große Gemüsegurken, in Scheiben geschnitten
4 Frühlingszwiebeln, in Scheiben
4 Artischockenherzen (Dose), halbiert
175 g Knopfchampignons, in Scheiben
12 grüne Oliven
120 ml Vinaigrette
Salz und gemahlener schwarzer Pfeffer

1 Die Steaks pfeffern. 6–8 Minuten unter einmaligem Wenden medium grillen. Anschließend abdecken und warm halten.

2 Salat- und Brunnenkresseblätter mit Tomaten, Gurken, Frühlingszwiebeln, Artischockenherzen, Champignons und Oliven vermengen. Mit der Vinaigrette durchheben.

3 Salat auf vier Salatteller verteilen. Jedes Steak schräg in Scheiben schneiden und auf dem Salat anrichten. Salzen und sofort servieren.

Waldorfsalat mit Schinken

Der Waldorfsalat erblickte um 1890 das Licht der Welt im New Yorker Waldorf-Astoria-Hotel. Er bestand aus Äpfeln, Sellerie und Majonäse und wurde zu Ente, Schinken und Gans serviert. Diese moderne Version wird meist mit Fleisch zubereitet.

ZUTATEN

Für 4 Personen

3 Äpfel
1 EL Zitronensaft
2 Scheiben gekochter Schinken, je 175 g
2 Selleriestangen
150 ml Majonäse
1 Eskarol oder Endiviensalat
1 kleiner Radicchio, in dünne Streifen geschnitten
½ Bund Brunnenkresse
3 EL Walnuss- oder Olivenöl
50 g Walnussstücke, geröstet
Salz und gemahlener schwarzer Pfeffer

1 Äpfel schälen, entkernen und in dünne Stifte schneiden. Mit Zitronensaft besprenkeln, damit sie nicht braun werden. Schinken in 5 cm breite Streifen schneiden. Sellerie in ähnlich große Streifen schneiden. Äpfel, Schinken und Sellerie in einer Schüssel mischen.

2 Dann die Majonäse zugeben und das Ganze sorgfältig durchheben.

3 Salatblätter in dünne Streifen schneiden und mit Öl besprenkeln. Blätter auf vier Salatteller verteilen. Majonäsemischung in der Mitte anrichten, mit gerösteten Walnüssen bestreuen und servieren.

Salat von Hühnerleber, Speck und Tomaten

Warme Salate sind besonders im Herbst willkommen. Dieser sättigende Salat enthält milden Spinat und aromatisch bitteren Friséesalat.

ZUTATEN

Für 4 Personen

225 g junger Spinat, ohne Stiele
1 Friséesalat
7 EL Erdnuss- oder Sonnenblumenöl
175 g ungeräucherter Speck, in Streifen geschnitten
75 g Brot vom Vortag, ohne Kruste, in kurze Stifte geschnitten
450 g Hühnerleber
115 g Cocktailtomaten
Salz und gemahlener schwarzer Pfeffer

1 Spinat und Salatblätter in eine Salatschüssel geben. 4 Esslöffel Öl in einer großen Pfanne erhitzen und den Speck darin 3–4 Minuten knusprig braun braten. Mit einem Schaumlöffel auf Küchenpapier legen und abtropfen lassen.

2 Brot in das Öl geben und unter Wenden knusprig und goldgelb rösten. Auf Küchenpapier abtropfen lassen.

3 Restliches Öl erhitzen und die Hühnerleber 2–3 Minuten scharf anbraten. Zusammen mit Speck, Croûtons und Tomaten auf den Salat geben. Würzen, durchheben und warm servieren.

ABWANDLUNG

Anstelle von jungem Spinat können Sie auch Feldsalat nehmen. Brunnenkresse wäre ein wundervoll pfeffriger Ersatz, aber Sie sollten geringere Mengen verarbeiten und den Salat mit milden Blättern auffüllen, damit die Kresse nicht die anderen Aromen überdeckt.

Salat mit Schweinefleisch und Reisvermicelli

Die Schweinegrieben machen diesen beliebten Salat herrlich knusprig.

ZUTATEN

Für 4 Personen

225 g mageres Schweinefleisch
2 Knoblauchzehen, fein gehackt
2 Scheiben Ingwer, geschält, fein gehackt
2 3 EL Reiswein
3 EL Pflanzenöl
2 Stängel Zitronengras, fein gehackt
2 TL Currypulver
175 g Bohnensprossen
225 g Reisvermicelli, in warmem Wasser eingeweicht und abgetropft
½ Kopfsalat, in dünnen Streifen
2 EL frische Minzeblätter
Zitronensaft und thailändische Fischsauce, nach Belieben
Salz und gemahlener schwarzer Pfeffer
2 Frühlingszwiebeln, gehackt, 25 g geröstete Erdnüsse, gehackt, und Schweinegrieben (nach Belieben), zum Garnieren

1 Schweinefleisch in dünne Streifen schneiden. Mit der Hälfte des Knoblauchs und des Ingwers in eine flache Form geben, salzen und pfeffern, mit 2 EL Reiswein übergießen und mindestens 1 Stunde marinieren lassen.

2 Öl in einer Pfanne erhitzen. Restlichen Knoblauch und Ingwer hinein geben und einige Sekunden anbraten, bis es duftet. Fleischstreifen mit der Marinade einrühren und Zitronengras und Currypulver dazugeben.

3 Bei starker Hitze braten, bis das Fleisch goldbraun und gar ist. Mehr Reiswein angießen, falls die Mischung zu trocken wird.

4 Bohnensprossen in ein Sieb geben, 1 Minute zum Blanchieren in kochendes Wasser tauchen, abtropfen lassen und unter kaltem Wasser abschrecken. Erneut abtropfen lassen. Reisvermicelli im selben Wasser 3–5 Minuten gar kochen. Abgießen und unter kaltem Wasser abspülen.

5 Vermicelli gut abtropfen lassen und in eine große Schüssel geben. Bohnensprossen, Salatstreifen und Minzeblätter dazugeben. Mit Zitronensaft und Fischsauce abschmecken. Sanft durchheben.

6 Vermicelli-Mischung auf vier Salatteller verteilen und zu Nestern formen. Die Fleischmischung in die Nester geben. Mit Frühlingszwiebeln, Erdnüssen und Schweinegrieben garnieren und servieren.

Schweinefleischsalat mit Ei und Roter Bete

Hier eine köstliche Möglichkeit, übrig gebliebenen Schweinebraten anzurichten. Die süßen Aromen gleichen die Bitterkeit des Chicorée aus.

ZUTATEN

Für 4 Personen

900 g Süßkartoffeln
4 Chicorée
5 Eier, hart gekocht
450 g eingelegte junge Rote Bete
175 g kalter Schweinebraten
Salz

Für das Dressing

5 EL Erdnuss- oder Sonnenblumenöl
2 EL Weißweinessig
2 TL Dijon-Senf
1 TL Fenchelsamen, zerdrückt

1 Die Süßkartoffeln schälen und gleichmäßig würfeln.

2 Süßkartoffeln in einen Topf mit sprudelndem Salzwasser geben. Aufkochen lassen, dann 10–15 Minuten gar kochen. Abgießen und abkühlen lassen.

3 Öl, Essig, Senf und Fenchelsamen für das Dressing in ein Schraubglas geben und kräftig schütteln.

4 Die Chicoréeblätter ablösen und um den Rand von vier Salattellern anrichten.

5 Zwei Drittel des Dressings über die Süßkartoffeln geben. Umrühren, um alle Stücke zu überziehen, und anschließend auf die Blätter geben.

6 Eier schälen. Eier und Rote Bete in Scheiben schneiden und dekorativ im Kreis um die Süßkartoffeln anrichten.

7 Braten aufschneiden und in 4 cm lange Streifen schneiden. In einer Schüssel mit dem übrigen Dressing besprenkeln.

8 Bratenstreifen in die Mitte jedes Salats geben. Salzen und servieren.

GUTER TIPP

Zerdrücken Sie die Fenchelsamen mit Mörser und Stößel. Ersatzweise können Sie dazu auch zwei Teelöffel verwenden. Besonders gut schmecken die Samen, wenn man sie vor dem Zerstoßen leicht röstet.

Würstchensalat mit Senfdressing

Dieser Salat schmeckt am besten mit original Frankfurter Würstchen.

ZUTATEN

Für 4 Personen

700 g junge neue Kartoffeln, abgeschrubbt
2 Eier
350 g Bockwürste (vorzugsweise Frankfurter Würstchen)
1 Kopf- oder Endiviensalat
225 g junge Spinatblätter, ohne Stängel
Salz und gemahlener schwarzer Pfeffer

Für das Dressing

3 EL Färberdistelöl
2 EL Olivenöl
1 EL Weißweinessig
2 TL Senf
1 TL Kümmelsamen, zerdrückt

1 Kartoffeln in Salzwasser zum Kochen bringen und 15 Minuten garen. Abgießen, abdecken und warm stellen. Eier 12 Minuten hart kochen. In kaltem Wasser abschrecken, schälen und vierteln.

2 Würstchen mit einem kleinen Messer spiralförmig einschneiden, mit kochendem Wasser bedecken und 5 Minuten unter Köcheln erhitzen. Gut abtropfen lassen, abdecken und warm stellen.

3 Alle Zutaten für das Dressing in ein Schraubglas geben und schütteln.

4 Salatblätter mit der Hälfte des Dressings besprenkeln und auf vier große Teller verteilen.

5 Kartoffeln und Würstchen mit dem restlichen Dressing besprenkeln und über dem Salat verteilen.

6 Den Salat mit Eivierteln dekorieren. Dann würzen und warm servieren.

GUTER TIPP

Verwenden Sie für diesen Salat einen mittelscharfen deutschen Senf. Eine interessante Alternative dazu ist süßer bayrischer Senf.

Nudelsalat mit Speck und grünen Bohnen

Ein leckerer Nudelsalat mit der Würze von Räucherspeck und einem leichten, aromatischen Dressing.

ZUTATEN

Für 4 Personen

350 g Vollkornspiralnudeln
225 g grüne Bohnen
8 Scheiben magerer Räucherspeck
350 g Cocktailtomaten, halbiert
2 Bund Frühlingszwiebeln, gehackt
400 g-Dose Kichererbsen, abgegossen

Für das Dressing

6 EL Tomatensaft
2 EL Balsamessig
1 TL gemahlener Kümmel
1 TL gemahlener Koriander
2 EL gehackter frischer Koriander
Salz und gemahlener schwarzer Pfeffer

1 Nudeln in einem großen Topf mit leicht gesalzenem Wasser *al dente* kochen. In der Zwischenzeit die Bohnen putzen, halbieren und 5 Minuten in sprudelndem Wasser gar kochen. Gründlich abtropfen lassen und warm stellen.

2 Den Grill vorheizen und den Speck von jeder Seite 2–3 Minuten grillen. Klein schneiden und zu den Bohnen geben.

3 Tomaten, Frühlingszwiebeln und Kichererbsen in eine große Schüssel geben. In einer kleinen Schüssel Tomatensaft, Essig, Gewürze und frischen Koriander vermischen.

4 Das Dressing in die große Schüssel umfüllen. Nudeln gründlich abtropfen lassen und mit Bohnen und Speck zu der Tomatenmischung geben. Dann alle Zutaten gründlich durchheben. Warm oder kalt servieren.

GUTER TIPP

Spülen Sie Bohnen und Hülsenfrüchte aus der Dose gut ab, um möglichst viel von der Konservierungsflüssigkeit zu entfernen.

Warmer Nudelsalat mit grünem Spargel

Dieser warme Salat wird mit Schinken, Eiern und Parmesan serviert. Ein Senfdressing mit dem dicken Teil der Spargelstange verleiht ihm Fülle.

ZUTATEN

Für 4 Personen

450 g grüner Spargel

450 g getrocknete Tagliatelle

225 g gekochter Schinken, in 5 mm dicke Scheiben, dann in Streifen geschnitten

2 Eier, hart gekocht und in Scheiben geschnitten

50 g Parmesankäse am Stück

Für das Dressing

50 g gekochte Kartoffel

5 EL Olivenöl

1 EL Zitronensaft

2 TL Dijon-Senf

120 ml Gemüsebrühe

Salz und gemahlener schwarzer Pfeffer

1 Salzwasser in einem Topf zum Kochen bringen. Den holzigen Teil der Spargelstangen entfernen. Den Spargel halbieren und die dickeren Enden 12 Minuten kochen, dabei die Spitzen nach 6 Minuten zugeben. Unter kaltem Wasser abschrecken, bis der Spargel lauwarm ist; dann abtropfen lassen.

2 150 g der dickeren Enden klein schneiden. Mit den Zutaten für das Dressing in den Mixer geben und glatt mixen. Dressing nach Geschmack würzen.

3 Nudeln in einem großen Topf mit sprudelndem Salzwasser *al dente* kochen. Unter kaltem Wasser abschrecken.

4 Nudeln mit Spargelsauce anmachen und auf vier Salatschalen verteilen. Jeden Salat mit Schinken, Eiern und Spargelspitzen belegen. Mit gehobeltem Parmesan garnieren und warm servieren.

Pikanter Schinken-Ananas-Salat

Ein köstlicher Salat mit einem knusprigen Belag aus gerösteten Mandeln.

ZUTATEN

Für 4 Personen

225 g Vollkorn-Penne
150 g Naturjoghurt
1 EL Apfelessig
1 TL körniger Senf
eine gute Prise Zucker
2 EL scharfes Mango-Chutney
115 g magerer gekochter Schinken, gewürfelt
200 g-Dose Ananasstücke, abgegossen
2 Selleriestangen, gewürfelt
½ grüne Paprikaschote, entkernt, gewürfelt
1 EL geröstete Mandelblättchen, grob gehackt
Salz und gemahlener schwarzer Pfeffer
knuspriges Brot, zum Servieren

1 Nudeln in einem großen Topf mit sprudelndem Salzwasser *al dente* kochen. Abgießen und gründlich abspülen. Abkühlen lassen.

2 Joghurt, Essig, Senf, Zucker und Mango-Chutney für das Dressing vermengen. Mit Salz und Pfeffer abschmecken. Nudeln dazugeben und sanft durchheben.

3 Die Nudeln auf einen Vorlegeteller geben. Schinken, Ananas, Sellerie und Paprika darauf anrichten.

4 Mandelblättchen über den Salat streuen und anschließend mit knusprigem Brot servieren.

Birnensalat mit Pekannüssen

Geröstete Pekannüsse passen besonders gut zu knackigen Birnen – rustikale Aromen, ergänzt durch ein Blauschimmelkäse-Schnittlauch-Dressing.

ZUTATEN

Für 4 Personen

75 g geschälte Pekannüsse, grob gehackt
3 Birnen, knackig fest
175 g junger Spinat, ohne Stängel
1 Eskarol oder Kopfsalat
1 Radicchio
2 EL Blauschimmelkäse-Schnittlauch-Dressing (siehe Seite 25)
Salz und gemahlener schwarzer Pfeffer
knuspriges Brot, zum Servieren

1 Pekannüsse unter dem Backofengrill rösten, um ihr typisches Aroma zu entfalten.

2 Birnen in gleich dicke Scheiben schneiden; Schale intakt lassen, aber die Kerngehäuse entfernen.

3 Spinat- und Salatblätter in eine große Schüssel geben. Birnen und Nüsse zugeben, mit Dressing übergießen und gut durchheben. Auf vier große Salatteller verteilen und mit Salz und Pfeffer abschmecken. Den Salat zu ofenfrischem Brot servieren.

GUTER TIPP

Die Pekannüsse brennen unter dem Grill schnell an, müssen also ständig beobachtet und heraus genommen werden, sobald sie die Farbe wechseln.

Ziegenkäse-Feigensalat

Frische Feigen und Walnüsse sind perfekte Partner für Ziegenkäse und gerösteten Buchweizen. Da der Käse recht säuerlich ist, enthält das Dressing aus Oliven- und Nussöl keinen Essig.

ZUTATEN

Für 4 Personen

175 g Kuskus
2 EL gerösteter Buchweizen
1 Ei, hart gekocht
2 EL gehackte frische Petersilie
4 EL Olivenöl
3 EL Walnussöl
115 g Raukeblätter
½ Friséesalat
175 g krümeliger weißer Ziegenkäse
50 g Walnussstücke, geröstet
4 reife Feigen, geputzt und dekorativ geviertelt (die Stücke bleiben an der Basis verbunden)

1 Kuskus und gerösteten Buchweizen in einer Schüssel mit kochendem Wasser bedecken und 15 Minuten einweichen. In einem Sieb abtropfen lassen und zum Abkühlen auf einem Backblech ausbreiten.

2 Das hart gekochte Ei schälen und fein reiben.

3 Geriebenes Ei, Petersilie, Kuskus und Buchweizen in eine Schüssel geben. Öle mischen und mit der Hälfte davon die Kuskusmischung besprenkeln.

4 Salatblätter mit dem übrigen Öl durchheben. Auf vier Salatteller verteilen.

5 Kuskusmischung in die Mitte jedes Salattellers geben und den Ziegenkäse darauf zerkrümeln. Mit Walnussstücken bestreuen, eine Feige in die Mitte setzen und servieren.

GUTER TIPP

Ziegenkäse sind in verschiedenen Alters- und Reifestufen von weich und mild bis hin zu fester und krümeliger Konsistenz erhältlich. Für Salate eignen sich am besten die reifen, krümeligen Sorten.

Avocado-Tomaten-Mozzarella-Salat

Dieser Salat setzt sich aus den drei Farben der italienischen Flagge zusammen – ein sonniges, fröhliches Gericht! Mit den Nudeln wird es zu einer Hauptspeise in einem leichten Sommermenü.

ZUTATEN

Für 4 Personen

175 g Farfalle (Nudelschleifen)
6 reife Tomaten
225 g Mozzarellakäse
1 große reife Avocado
2 EL gehacktes frisches Basilikum
2 EL Pinienkerne, geröstet
ein Basilikumzweig, zum Garnieren

Für das Dressing

6 EL Olivenöl
2 EL Weinessig
1 TL Balsamessig (nach Belieben)
1 TL körniger Senf
eine Prise Zucker
Salz und gemahlener schwarzer Pfeffer

1 Die Farfalle-Nudeln in reichlich kochendem Salzwasser *al dente* garen.

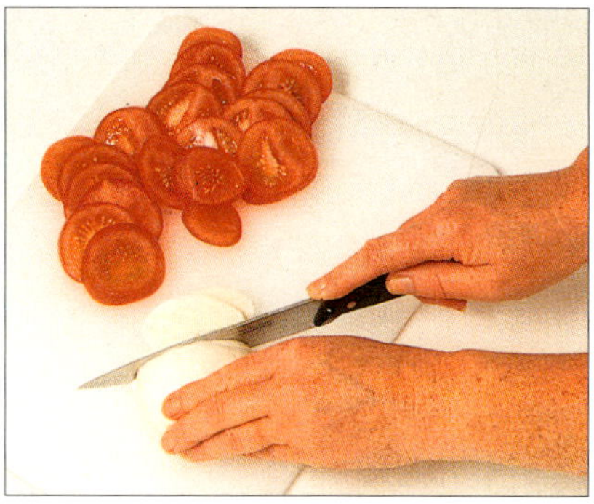

2 Inzwischen die Tomaten und den Mozzarella in dünne Scheiben schneiden.

3 Avocado halbieren, Kern entfernen und schälen. Fruchtfleisch längs in Scheiben schneiden.

4 Die Zutaten für das Dressing in einer kleinen Schüssel verschlagen.

5 Tomaten-, Mozzarella- und Avocadoscheiben überlappend um den Rand eines Vorlegetellers anrichten.

6 Die Nudeln mit der Hälfte des Dressings und dem gehackten Basilikum durchheben. In die Mitte des Tellers geben. Mit dem restlichen Dressing übergießen, mit Pinienkernen bestreuen und mit einem frischen Basilikumzweig garnieren. Sofort servieren.

GUTER TIPP

Das blassgrüne Fleisch der Avocado verfärbt sich nach dem Schneiden schnell. Schneiden Sie es erst in der letzten Minute auf und besprenkeln Sie es sofort mit Dressing. Man kann die Schnittflächen aber auch mit Zitronensaft beträufeln und mit Frischhaltefolie abdecken.

Nudelsalat mit Roquefort und Walnüssen

Ein schlichter, rustikaler Salat, der ganz von der Qualität seiner Zutaten lebt. Es gibt keinen wirklichen Ersatz für Roquefort, den blau geäderten Schafsmilchkäse aus dem Südwesten Frankreichs.

ZUTATEN

Für 4 Personen

225 g Nudeln (vorzugsweise Makkaroni)
Mischung von Salatblättern wie Rauke, Endivie, Feldsalat, Spinat, Radicchio
2 EL Walnussöl
4 EL Sonnenblumenöl
2 EL Rotwein- oder Sherryessig
225 g Roquefortkäse, grob zerkrümelt
120 g Walnusshälften
Salz und gemahlener schwarzer Pfeffer

1 Nudeln in reichlich sprudelndem Salzwasser *al dente* kochen. Abgießen und abkühlen lassen. Salatblätter in eine Schussel geben.

2 Öle und Essig verschlagen und mit Salz und Pfeffer abschmecken.

GUTER TIPP

Rösten Sie Walnüsse für ein gutes Aroma unter dem Backofengrill.

3 Nudeln in die Mitte der Salatblätter geben, mit Roquefort bestreuen und mit Dressing übergießen.

4 Walnusshälften über den Salat streuen. Salat kurz vor dem Servieren durchheben.

Nudelsalat mit Spargel und Kartoffeln

Dieser Salat mit Vollkornnudeln ist etwas ganz Besonderes, vor allem, wenn grüner Spargel gerade Saison hat.

ZUTATEN

Für 4 Personen

225 g Vollkornnudeln
4 EL Olivenöl (Extra Vergine)
350 g junge neue Kartoffeln
225 g grüner Spargel
115 g Parmesankäse am Stück
Salz und gemahlener schwarzer Pfeffer

1 Nudeln in sprudelndem Salzwasser *al dente* kochen.

2 Nudeln gut abtropfen lassen und warm mit Olivenöl durchheben. Mit Salz und Pfeffer abschmecken.

3 Die Kartoffeln abschrubben und etwa 15 Minuten in kochendem Salzwasser garen. Abgießen und mit den Nudeln durchheben.

4 Die holzigen Spargelenden abschneiden – sehr lange Stangen halbieren. 6 Minuten in sprudelndem Salzwasser blanchieren, bis sie leuchtend grün, aber noch knackig sind. In kaltem Wasser abschrecken und abkühlen lassen. Abgießen und auf Küchenpapier abtropfen lassen.

5 Spargel mit Kartoffeln und Nudeln durchheben, abschmecken und in eine flache Salatschüssel geben. Den Parmesan mit einem Gemüseschäler über den Salat hobeln.

Zucchini-Karotten-Salat mit Pekannüssen

Die warmen gebratenen Zucchinischeiben werden auf einem knackigen Salat in Pitabrot serviert.

ZUTATEN

Für 2 Personen

2 Karotten
25 g Pekannüsse
4 Frühlingszwiebeln, in Scheiben
50 g griechischer Joghurt
7 TL Olivenöl
1 TL Zitronensaft
1 EL gehackte frische Minze
2 Zucchini
25 g Mehl
2 Pitabrote
Salz und gemahlener schwarzer Pfeffer
Salatstreifen, zum Servieren

1 Karotten putzen und grob in eine Schüssel reiben.

2 Pekannüsse und Frühlingszwiebeln dazugeben und gut durchheben.

3 In einer Schüssel Joghurt mit $1^1/_2$ TL Olivenöl, Zitronensaft und Minze verschlagen. Das Dressing zur Karottenmischung geben und gut durchheben. Abdecken und kalt stellen.

4 Zucchini putzen und diagonal in Scheiben schneiden. Mehl mit Salz und Pfeffer würzen. Auf einen Teller geben und die Zucchinischeiben sorgfältig im Mehl wälzen.

GUTER TIPP

Wärmen Sie das Pitabrot unter dem Grill oder im Backofen. Füllen Sie die Brote nicht zu früh, da sie sonst durchweichen.

5 Restliches Öl in einer großen Pfanne erhitzen. Die Zucchinischeiben unter einmaligem Wenden 3–4 Minuten bräunen. Auf Küchenpapier abtropfen lassen.

6 Eine Tasche in jedes Pitabrot schneiden. Die Brote mit Karottenmischung und Zucchinischeiben füllen. Auf einem Salatbett servieren.

Nudelsalat mit Oliven und Avocado

Die Zutaten in diesem Salat werden mit einem köstlichen Dressing aus sonnengetrockneten Tomaten und frischem Basilikum gekrönt.

ZUTATEN

Für 6 Personen

225 g Spiralnudeln oder andere kurze Nudeln
115 g-Dose Mais, abgegossen, oder TK-Mais, aufgetaut
½ rote Paprikaschote, entkernt, gewürfelt
8 schwarze Oliven, entkernt, in Scheiben
3 Frühlingszwiebeln, fein gehackt
2 mittelgroße Avocados

Für das Dressing

2 sonnengetrocknete Tomatenhälften, lose gepackt (nicht in Öl eingelegt)
1½ EL Balsam- oder Weißweinessig
1½ EL Rotweinessig
½ Knoblauchzehe, zerdrückt
½ TL Salz
5 EL Olivenöl
1 EL gehacktes frisches Basilikum

1 Für das Dressing: Die sonnengetrockneten Tomaten in einem Topf, etwa 3 cm hoch mit Wasser gefüllt, 3 Minuten gar kochen. Dann abgießen und fein hacken.

2 Die Tomaten, den gesamten Essig, Knoblauch und Salz in den Mixer geben. Bei laufender Maschine das Olivenöl hineingießen. Dann das Basilikum einrühren.

3 Nudeln in einem großen Topf mit sprudelndem Salzwasser *al dente* kochen. Abgießen. Nudeln, Mais, Paprika, Oliven und Frühlingszwiebeln in einer großen Schüssel vermengen. Dressing zugeben und alles gut durchheben.

4 Kurz vor dem Servieren Avocados schälen, entkernen und würfeln. Vorsichtig mit den Nudeln durchheben, dann auf einen Vorlegeteller geben. Bei Zimmertemperatur servieren.

Nudelsalat mit Paprika und Pilzen

Die Kombination der gegrillten Paprika mit den beiden Pilzsorten macht diesen Salat zu einem bunten und gesunden Vergnügen.

ZUTATEN

Für 6 Personen

1 rote Paprikaschote, halbiert
1 gelbe Paprikaschote, halbiert
1 grüne Paprikaschote, halbiert
350 g Vollkornnudeln (Muscheln oder Spiralen)
2 EL Olivenöl
3 EL Balsamessig
5 EL Tomatensaft
2 EL gehacktes frisches Basilikum
1 EL gehackter frischer Thymian
175 g Shiitakepilze, gewürfelt
175 g Austernpilze, in Streifen geschnitten
400 g-Dose Augenbohnen, abgegossen und gespült
115 g Sultaninen
2 Bund Frühlingszwiebeln, fein gehackt
Salz und gemahlener schwarzer Pfeffer

1 Backofengrill vorheizen. Paprikahälften mit der Schnittseite nach unten auf den Rost legen und 10–15 Minuten grillen, bis sich die Haut schwärzt. Mit einem sauberen, feuchten Handtuch abdecken und zum Abkühlen beiseite stellen.

2 In der Zwischenzeit die Nudeln in leicht gesalzenem sprudelndem Wasser *al dente* kochen. Gut abtropfen lassen.

3 Öl, Essig, Tomatensaft, Basilikum und Thymian vermengen, zu den warmen Nudeln geben und durchheben.

4 Paprika häuten, entkernen, würfeln. Zu den Nudeln geben.

5 Pilze, Bohnen, Sultaninen, Frühlingszwiebeln und die Gewürze dazugeben. Den Salat durchheben und sofort servieren. Als Alternative können Sie ihn abdecken und vor dem Servieren kalt stellen.

Nudelsalat »Mediterranée«

Hier eine Art Salat Niçoise mit Nudeln, der all die sonnigen Aromen des Mittelmeers enthält.

ZUTATEN

Für 4 Personen

225 g dicke Nudeln, z. B. Makkaroni
175 g schlanke grüne Bohnen
2 große reife Tomaten
50 g frische Basilikumblätter
200 g-Dose Thunfisch in Öl, abgegossen
2 hart gekochte Eier, geschält, in Scheiben oder Viertel geschnitten
50 g-Dose Sardellenfilets, abgegossen
Kapern und schwarze Oliven, nach Belieben

Für das Dressing

6 EL Olivenöl (Extra Vergine)
2 EL Weißweinessig oder Zitronensaft
2 Knoblauchzehen, zerdrückt
½ TL Dijon-Senf
2 EL gehacktes frisches Basilikum
Salz und gemahlener schwarzer Pfeffer

1 Alle Zutaten für das Dressing in einer kleinen Schüssel verschlagen und während der weiteren Zubereitung des Salats ziehen lassen.

GUTER TIPP

Kühlen Sie diesen Salat nicht – das würde das köstliche Aroma abschwächen.

2 Nudeln in reichlich sprudelndem Salzwasser *al dente* garen. Abgießen und abkühlen lassen.

3 Die Bohnen putzen und 3 Minuten in kochendem Wasser blanchieren. Abgießen und unter kaltem Wasser abschrecken.

4 Tomaten in Scheiben schneiden und als Bett in einer Salatschüssel anrichten. Ein wenig Dressing darüber sprenkeln und mit einem Viertel der Basilikumblätter belegen. Die Bohnen darüber verteilen. Mit weiterem Dressing besprenkeln und mit einem Drittel des verbleibenden Basilikums belegen.

5 Gemüse mit in Dressing gewälzten Nudeln, der Hälfte des übrigen Basilikums und dem grob zerpflückten Thunfisch bedecken.

6 Eier in der Mitte anrichten, dann mit den Sardellenfilets, Kapern und Oliven bestreuen. Das restliche Dressing darüber löffeln und mit dem übrigen Basilikum garnieren. Dann sofort servieren.

Salate für besondere Anlässe

Gado Gado

Dieser indonesische Gemüsesalat wird mit einer köstlich scharfen Erdnusssauce serviert.

ZUTATEN

Für 4–6 Personen

2 mittelgroße Kartoffeln
175 g grüne Bohnen, geputzt
175 g Chinakohl, gehobelt
1 Eisbergsalat
175 g Bohnensprossen
1/2 Salatgurke, in Stifte geschnitten
150 g Daikon-Rettich, gerieben
3 Frühlingszwiebeln
225 g Tofu, in große Scheiben geschnitten
3 hart gekochte Eier, geschält, geviertelt
1 kleiner Bund frischer Koriander
Krupuk (Krabbenbrot), zum Servieren

Für die Erdnusssauce

150 g ungeröstete Erdnüsse
1 EL Pflanzenöl
2 Schalotten oder 1 kleine Zwiebel, fein gehackt
1 Knoblauchzehe, zerdrückt
1–2 kleine Chilischoten, entkernt und fein gehackt
1 EL Krabbenpaste oder 1 EL thailändische Fischsauce (nach Belieben)
2 EL Tamarindensauce
120 ml Kokosmilch aus der Dose
1 EL klarer Honig

1 Die Kartoffeln schälen. In Salzwasser zum Kochen bringen und 15 Minuten gar kochen lassen. Bohnen 3–4 Minuten kochen. Kartoffeln und Bohnen abgießen und unter kaltem Wasser abschrecken.

2 Für die Erdnusssauce die Erdnüsse in einem Wok oder unter dem Grill trocken rösten; dabei ständig wenden, um ein Anbrennen zu verhindern.

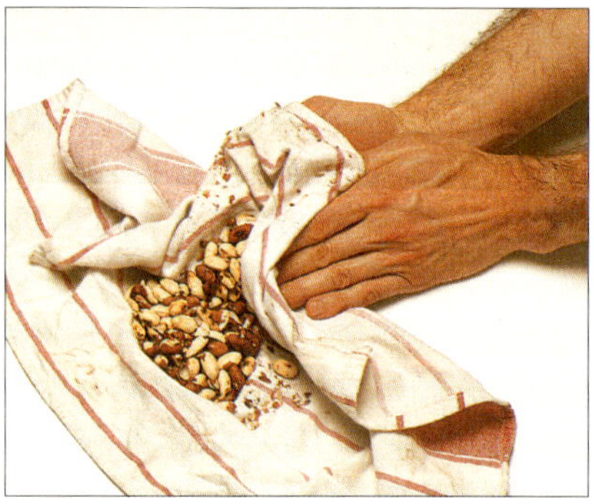

3 Die Erdnüsse in einem sauberen Küchenhandtuch kräftig reiben, um die Haut abzulösen. In den Mixer geben und 2 Minuten fein hacken.

4 Pflanzenöl im Wok erhitzen und Schalotten oder Zwiebel, Knoblauch und Chilis andünsten, ohne sie zu bräunen. Dann die Krabbenpaste (oder Fischsauce), Tamarindensauce, Kokosmilch und Honig dazugeben.

5 Kurz köcheln lassen, zu den Erdnüssen geben und zu einer sämigen Sauce mixen. In eine kleine Schüssel umfüllen, warm stellen.

6 Die Kartoffeln, Bohnen und übrigen Salatzutaten auf einem großen Vorlegeteller anrichten. Mit Erdnusssauce und Krupuk servieren.

Kombinierte Salate

Diese leichten, bunten Salate eignen sich hervorragend als Vorspeise. Sie bieten schier unendliche Variationsmöglichkeiten und lassen sich oft schnell aus zuvor bereiteten Zutaten zusammenstellen.

Jede Kombination ist denkbar – lassen Sie sich dabei nur von Ihrer Fantasie und Ihrem Geschmack leiten. Attraktiv angerichtet sind diese Salate ein wahres Fest der Aromen, Texturen und Farben. Verwendet werden rohe und gekochte Gemüse, hart gekochte Hühner- oder Wachteleier, geräuchertes oder gekochtes Geflügel, Fleisch, Fisch oder Krustentiere, wobei es darauf ankommt, dass ein Dressing oder eine Würze die einzelnen Zutaten harmonisch verbindet.

Anders als bei durchmischten Salaten wie dem »Salade Mesclun«, bei dem die Blätter mit einer einfachen Vinaigrette durchgehoben werden, stehen die Komponenten hier eher separat nebeneinander. Die Zutaten können zu Gruppen auf einem Salatbett arrangiert oder auch kreisförmig auf dem Teller angerichtet werden. Salatkombinationen wie der allseits bekannte »Salat Niçoise« (siehe Seite 164) oder auch die folgenden Salate werden oft als Vorspeise oder leichtes Hauptgericht gereicht. In der Regel wird nach dem Hauptgericht ein durchmischter grüner Salat serviert, der den Gaumen auf die Käseplatte oder das Dessert vorbereiten soll.

GARNELEN-AVOCADO-ZITRUS-SALAT

ZUTATEN

Für 6 Personen

1 EL Zitronensaft
1 EL Limettensaft
1 EL klarer Honig
3 EL Olivenöl
2–3 EL Walnussöl
2 EL geschnittener frischer Schnittlauch
450 g große gekochte Garnelen, geschält und geputzt
1 Avocado, geschält, entkernt und klein gewürfelt
1 pink Grapefruit, geschält und filetiert
1 große Orange, geschält und filetiert
2 EL Pinienkerne, geröstet (nach Belieben)
Salz und gemahlener schwarzer Pfeffer

1 Zitrussäfte, Salz, Pfeffer und Honig in einer kleinen Schüssel mischen. Langsam erst Olivenöl, dann Walnussöl einschlagen und zu einem sämigen Dressing rühren. Den Schnittlauch einrühren.

2 Garnelen mit Avocadowürfeln und Grapefruit- und Orangenwürfeln auf Salattellern anrichten. Mit Dressing besprenkeln, mit Pinienkernen bestreuen und servieren.

SALAT VON RÄUCHERLACHS MIT DILL

ZUTATEN

Für 4 Personen

225 g Räucherlachs, in dünne Scheiben geschnitten
1 Fenchel, in dünne Scheiben geschnitten
1 mittelgroße Salatgurke, entkernt, in Juliennestreifen geschnitten
2 EL Zitronensaft
120 ml Olivenöl (Extra Vergine)
2 EL gehackter frischer Dill
Dillzweige, zum Garnieren
gemahlener schwarzer Pfeffer
Kaviar, zum Garnieren (nach Belieben)

1 Lachsscheiben auf vier Tellern verteilen und Fenchelscheiben und Gurkenstreifen daneben anrichten.

2 Zitronensaft und Pfeffer in einer kleinen Schüssel verrühren. Langsam mit Olivenöl zu einer cremigen Vinaigrette verschlagen. Gehackten Dill einrühren.

3 Etwas Vinaigrette über Fenchel und Gurke geben. Übrige Vinaigrette über den Lachs träufeln und mit Dillzweigen garnieren. Jeden Teller mit einem Löffel Kaviar krönen und servieren.

CHICORÉESALAT MIT ROQUEFORT

ZUTATEN

Für 4 Personen

2 EL Rotweinessig
1 TL Dijon-Senf
50 ml Walnussöl
1–2 EL Sonnenblumenöl
2 weiße oder rote Chicorée
1 Sellerieherz oder 4 Selleriestangen, in Juliennestreifen geschnitten
75 g Walnusshälften, leicht geröstet
115 g Roquefortkäse
Salz und gemahlener schwarzer Pfeffer
frische Petersilienzweige, zum Garnieren

1 Essig, Senf, Salz und Pfeffer in einer kleinen Schüssel verschlagen. Langsam mit den Ölen zu einer Vinaigrette verrühren.

2 Chicorée auf Tellern anrichten. Mit Sellerie und Walnusshälften bestreuen. Jeden Salat mit Roquefort bestreuen, mit etwas Vinaigrette besprenkeln und mit Petersilienzweigen garniert servieren.

Im Uhrzeigersinn von rechts oben: Garnelen-Avocado-Zitrus-Salat, Salat von Räucherlachs mit Dill, Chicoréesalat mit Roquefort.

ALZIARI

Aromatischer Fischsalat

Dieser Salat bringt mit Kokosnuss, exotischen Früchten und warmen asiatischen Gewürzen das Flair des Fernen Ostens auf den Tisch.

ZUTATEN

Für 4 Personen

350 g Fischfilets (Seebarbe, Meerbrasse, Schnapper)
1 Romanasalat
½ Lollo Biondo
1 Papaya oder Mango, geschält und in Scheiben geschnitten
1 Pithaya, geschält, in Scheiben
1 große reife Tomate, in Spalten geschnitten
½ Salatgurke, geschält, in Streifen
3 Frühlingszwiebeln, in Scheiben

Für die Marinade

1 TL Korianderkörner
1 TL Fenchelsamen
½ TL Kümmelkörner
1 TL Zucker
½ TL scharfe Chilisauce
2 EL Knoblauchöl / Salz

Für das Dressing

1 EL Kokossahne
4 EL Erdnuss- oder Färberdistelöl
abgeriebene Schale und Saft von 1 Limette
1 rote Chilischote, entkernt, fein gehackt
1 TL Zucker
3 EL gehackter frischer Koriander
Salz

1 Fisch in gleich dicke Streifen schneiden und auf einem Teller oder in einer flachen Schüssel ausbreiten.

2 Koriander, Fenchel und Kümmel mit Zucker zermahlen. Chilisauce, Knoblauchöl und Salz dazugeben und verrühren.

3 Marinade über den Fisch geben, abdecken und mindestens 20 Minuten an einem kühlen Ort marinieren lassen.

4 Kokossahne und Salz für das Dressing mit 3 EL kochendem Wasser in ein Glas geben und das Salz auflösen lassen. Öl, Limettenschale und -saft, Chili, Zucker und Koriander dazugeben. Kräftig schütteln und auf die Seite stellen.

5 Salatblätter mit Papaya oder Mango, Pithaya, Tomate, Gurke und Frühlingszwiebeln mischen. Mit dem Dressing durchheben und auf vier große Teller verteilen.

6 Eine große beschichtete Pfanne erhitzen und den Fisch unter einmaligem Wenden 5 Minuten braten. Fisch auf den Salat geben und sofort servieren.

GUTER TIPP

Der Fisch kann bis zu 8 Stunden in der Marinade bleiben. Auch das Dressing kann – ohne den Koriander – im Voraus zubereitet werden. Man sollte es bei Zimmertemperatur aufbewahren und den Koriander kurz vor dem Servieren dazugeben.

San-Francisco-Salat

Kalifornien ist dank seiner Qualitätsprodukte ein wahres Paradies für Salatliebhaber. San Francisco gilt als die »Salathauptstadt« Kaliforniens, auch wenn dieses Rezept eigentlich auf einem Salat des Restaurants »Chez Panisse« in Berkeley beruht.

ZUTATEN

Für 4 Personen

900 g Kaisergranate
50 g Fenchel, in Streifen geschnitten
2 reife mittelgroße Tomaten, geviertelt, und 4 kleine Tomaten
2 EL Olivenöl
Olivenöl (zusätzlich), zum Beträufeln des Salats
4 EL Weinbrand
150 ml trockener Weißwein
200 ml-Dose Hummer- oder Krebssuppe
2 EL gehackter frischer Estragon
3 EL Creme double
225 g grüne Bohnen, geputzt
2 Orangen
175 g Feldsalat
115 g Raukeblätter
½ Friséesalat
Salz und Cayennepfeffer

1 Salzwasser in einem großen Topf zum Kochen bringen, Kaisergranate hinein geben und 10 Minuten köcheln lassen. Unter kaltem Wasser abschrecken.

2 Backofen auf 220 °C (Gasherd: Stufe 7) vorheizen. Schwänze von allen Kaisergranaten bis auf vier für die Garnierung abdrehen. Die äußere Schale vom Schwanzfleisch abschälen. Schalenteile, Rückenpanzer und Scheren mit Fenchel und Tomaten in eine schwere Fettpfanne geben. Mit Olivenöl durchheben und 20 Minuten auf der oberen Schiene backen, um die Aromen zur Entfaltung zu bringen.

3 Fettpfanne bei mittlerer Hitze auf den Herd stellen. Weinbrand darüber geben und anzünden, um so das Aroma des Alkohols freizusetzen. Mit Wein ablöschen und kurz köcheln lassen.

4 Inhalt der Fettpfanne in den Mixer geben und zu einem groben Püree verarbeiten: das dauert nur etwa 10–15 Sekunden. Püree durch ein feines Nylonsieb in eine Schüssel seihen. Hummer- oder Krebssuppe, Estragon und Creme double hinzufügen. Mit Salz und etwas Cayennepfeffer abschmecken.

5 Salzwasser in einem Topf zum Kochen bringen und die Bohnen 6 Minuten darin garen. Abgießen und unter fließendem Wasser abkühlen lassen. Orangen zum filetieren mit einem Messer mit Sägezähnen schälen. Mit einem kleinen Messer beiderseits der Trennhäute schneiden, um die Filets auszulösen.

6 Salatblätter mit Olivenöl besprenkeln und auf vier Salatteller verteilen. Hummerschwänze mit dem Dressing durchheben und auf die Teller verteilen. Bohnen, Orangenfilets und Tomaten hinzufügen. Jeden Teller mit einem ganzen Kaisergranat garnieren und warm servieren.

Millionärssalat

Falls Geld keine Rolle spielt und Sie Spaß am Luxus haben, ist dieser Salat genau richtig.

ZUTATEN

Für 4 Personen

1 mittelgroßer Hummer, lebend oder gekocht
1 Lorbeerblatt
1 frischer Thymianzweig
675 g neue Kartoffeln, abgeschrubbt
2 reife Tomaten / 4 Orangen
½ Friséesalat
175 g Feldsalatblätter
4 EL Olivenöl (Extra Vergine)
200 g-Dose junge Artischocken in Lake, geviertelt
1 kleiner Bund frischer Estragon, Kerbel oder glatte Petersilie
Salz

Für das Dressing

2 EL gefrorenes Orangensaftkonzentrat, aufgetaut
6 EL Butterflocken
Salz und Cayennepfeffer

1 Den lebenden Hummer mit Lorbeerblatt und Thymian in einen großen Topf mit sprudelndem Salzwasser geben. Aufkochen und 15 Minuten köcheln lassen. Unter fließendem Wasser abkühlen.

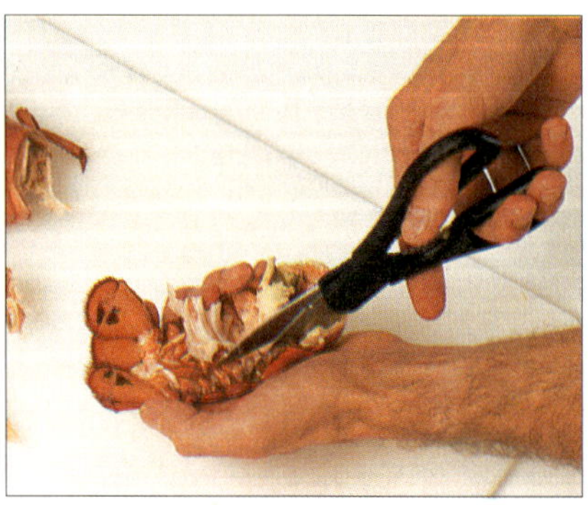

2 Beine und Scheren abdrehen. Schwanz ablösen. Scheren mit dem Hammer aufbrechen; Fleisch auslösen. Schwanzstück auf der Unterseite aufschneiden, Fleisch in Scheiben schneiden.

3 Kartoffeln in Salzwasser zum Kochen bringen und 15 Minuten gar köcheln lassen. Abgießen, abdecken und warm stellen.

4 Tomaten kreuzförmig einschneiden, mit kochendem Wasser bedecken und 30 Sekunden stehen lassen. Unter fließendem Wasser abkühlen und die Haut abziehen. Tomaten halbieren, Kerne entfernen, dann würfeln.

5 Orangen mit einem Sägemesser schälen. Zum Filetieren mit einem kleinen Messer beiderseits der Trennhäute schneiden, um die Filets auszulösen. Die Orange dabei über eine kleine Schüssel halten.

6 Orangensaft für das Dressing in eine feuerfeste Schüssel geben und die Schüssel auf einen 2,5 cm hoch mit köchelndem Wasser gefüllten Topf stellen. Den Saft 1 Minute erhitzen, vom Herd nehmen und nach und nach die Butter unterschlagen, um ein dickflüssiges Dressing zu bereiten.

7 Mit Salz und einer Prise Cayennepfeffer abschmecken, abdecken und warm stellen.

8 Salatblätter mit Olivenöl anmachen und auf vier große Teller verteilen. Kartoffeln, Artischocken und Orangenfilets mit Olivenöl besprenkeln und zwischen den Blättern anrichten.

9 Aufgeschnittenen Hummer auf den Salat legen, mit warmem Dressing übergießen, Tomaten hinzufügen und mit den frischen Kräutern garnieren. Bei Zimmertemperatur servieren.

Genueser Kalmarsalat

Ein wunderbarer Salat für den Sommer, wenn grüne Bohnen und neue Kartoffeln das beste Aroma haben.

ZUTATEN

Für 4–6 Personen

450 g zubereitete Kalmare, in Ringen
4 Knoblauchzehen, grob gehackt
300 ml italienischer Rotwein
450 g mehlig kochende neue Kartoffeln, abgeschrubbt
225 g grüne Bohnen, geputzt und in kurze Stücke geschnitten
2–3 sonnengetrocknete Tomaten in Öl, abgegossen, längs in Streifen geschnitten
4 EL Olivenöl (Extra Vergine)
1 EL Rotweinessig
Salz und gemahlener schwarzer Pfeffer

1 Backofen auf 180 °C (Gasherd: Stufe 4) vorheizen. Kalmarringe mit der Hälfte des Knoblauchs, dem Wein und Pfeffer nach Geschmack in eine irdene Auflaufform geben. Abdecken und 45 Minuten im Backofen garen.

2 Kartoffeln in einem Topf mit leicht gesalzenem kaltem Wasser bedecken, zum Kochen bringen und etwa 15 Minuten gar köcheln lassen. Mit einem Schaumlöffel heraus nehmen und auf die Seite stellen. Bohnen ins sprudelnde Wasser geben und 3 Minuten kochen. Abgießen.

3 Abgekühlte Kartoffeln schräg in dicke Scheiben schneiden und mit den warmen Bohnen und den Tomaten in eine Schüssel geben. Öl, Essig und übrigen Knoblauch in einem Glas vermischen und mit Salz und Pfeffer abschmecken. Über die Kartoffelmischung geben.

4 Kalmare abgießen. Zur Kartoffelmischung geben und vorsichtig durchheben. Auf Salattellern anrichten und großzügig pfeffern.

GUTER TIPP

Die französische Kartoffelsorte Charlotte ist ideal für diesen Salat, da sie auch gekocht die Form behält. Zubereitete Kalmare erhält man an der Frischfischtheke im Supermarkt oder beim Fischhändler.

Thunfischcarpaccio

Für eine Carpaccio verwendet man normalerweise Rinderfilet, aber auch fleischige Fische wie Thun- und Schwertfisch eignen sich gut zur Abwechslung. Das Geheimnis liegt im hauchdünnen Aufschneiden, deshalb friert man das Fleisch am besten zunächst ein.

ZUTATEN

Für 4 Personen

2 frische Thunfischsteaks à 225 g
4 EL Olivenöl (Extra Vergine)
1 EL Balsamessig / 1 TL Zucker
2 EL grüne Pfefferkörner oder Kapern aus dem Glas, abgegossen
Salz und gemahlener schwarzer Pfeffer
Zitronenspalten und grüner Salat, zum Servieren

1 Fischsteaks häuten und einzeln zwischen zwei Lagen Frischhaltefolie oder Backpapier legen. Mit einer Teigrolle leicht flach drücken.

2 Steaks möglichst eng einrollen und fest in Frischhaltefolie einschlagen. 4 Stunden im Tiefkühlfach fest werden lassen.

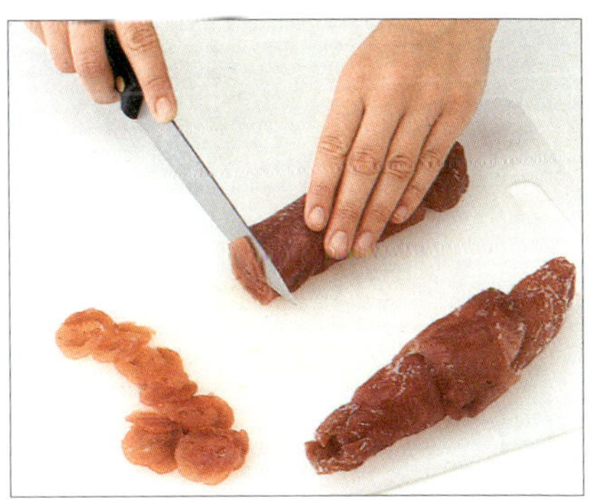

3 Folie entfernen und die Steaks quer in möglichst hauchdünne Scheiben schneiden. Scheiben auf Salattellern anrichten.

4 Öl, Essig, Zucker und Pfefferkörner oder Kapern verrühren, würzen und über den Thunfisch geben. Abdecken und 30 Minuten auf Zimmertemperatur kommen lassen. Mit Zitronenspalten und grünem Salat servieren.

GUTER TIPP

Rohen Fisch sollte man nur essen, wenn er wirklich frisch ist. Achten Sie beim Kauf auf Frische und servieren Sie die Carpaccio noch am selben Tag. Nehmen Sie keinen aufgetauten TK-Fisch.

Salade Mouclade

Mouclade ist ein traditionelles Gericht aus La Rochelle im Südwesten Frankreichs. Es besteht aus Miesmuscheln in einer leichten Currysahnesauce und wird heiß serviert. Hier gesellen sich die Aromen von warmen Linsen und gedämpftem Spinat dazu. Servieren Sie den Salat mit Zimmertemperatur.

ZUTATEN

Für 4 Personen

3 EL Olivenöl
1 mittelgroße Zwiebel, fein gehackt
350 g braune oder grüne Linsen, 2 Stunden eingeweicht und abgegossen
900 ml Gemüsebrühe
2 kg frische Miesmuscheln in der Schale
5 EL Weißwein
½ TL Currypaste
eine Prise Safran
2 EL Creme double
2 große Karotten, geschält
4 Selleriestangen
900 g junge Spinatblätter
1 EL Knoblauchöl
Salz und Cayennepfeffer

1 Öl in einem schweren Topf erhitzen und die Zwiebel 6–8 Minuten andünsten. Linsen und Gemüsebrühe zugeben, zum Kochen bringen und 45 Minuten köcheln lassen. Vom Herd nehmen und abkühlen lassen.

2 Miesmuscheln gründlich putzen und beschädigte aussortieren. Offene Muscheln sollten sich beim Daraufklopfen schließen; andernfalls unbedingt aussortieren!

3 Muscheln mit dem Wein in einen großen Topf geben, abdecken und 12 Minuten bei starker Hitze dämpfen. In ein Sieb abgießen, Flüssigkeit in einer Schüssel auffangen und nicht geöffnete Muscheln aussortieren. Muscheln bis auf vier Stück aus den Schalen lösen.

4 Kochflüssigkeit durch ein feines Sieb oder ein Presstuch in eine Pfanne filtern.

5 Currypaste und Safran einrühren und bei starker Hitze kräftig einreduzieren lassen. Vom Herd nehmen, die Creme double einrühren, abschmecken und mit den Muscheln durchheben.

6 Karotten und Sellerie in 5 cm lange Stifte schneiden und 3 Minuten in sprudelndem Salzwasser kochen. Abgießen, abkühlen lassen. Mit Olivenöl besprenkeln.

7 Spinat waschen, nass in einen großen Topf geben, abdecken und 30 Sekunden abdämpfen. In kaltem Wasser abschrecken, dann in einem Sieb trocken drücken. Mit Knoblauchöl besprenkeln, würzen.

8 Linsen in die Mitte von vier Tellern geben. Mit Karotten- und Selleriestiften belegte Spinatnester um den Rand verteilen. Muscheln auf die Linsen geben; mit je einer Muschel in der Schale garnieren.

Krabbencocktail mit Kokos und Papaya

Holen Sie sich mit diesem wunderbaren Gericht aus saftiger Papaya und köstlichen Krabbenschwänzen in einem pikanten Kokosdressing den Fernen Osten ins Haus.

ZUTATEN

Für 4–6 Personen

225 g rohe oder gekochte Krabbenschwänze, geschält und geputzt
2 reife Papayas
225 g Romana- oder Eisbergsalatblätter, Chinakohl oder junge Spinatblätter
1 feste Tomate, geschält, entkernt und grob gewürfelt
3 Frühlingszwiebeln, in Streifen geschnitten
1 kleiner Bund frischer Koriander, gehackt, und 1 große Chilischote, in Scheiben geschnitten, zum Garnieren

Für das Dressing

1 EL Kokossahne / 6 EL Pflanzenöl
Saft von 1 Limette
½ TL scharfe Chilisauce
2 TL thailändische Fischsauce (nach Belieben)
1 TL Zucker

1 Kokossahne für das Dressing in ein Schraubglas geben und 2 EL kochendes Wasser zum Verdünnen dazugeben. Öl, Limettensaft, Chilisauce, Fischsauce und Zucker zugeben. Kräftig schütteln und auf die Seite stellen. Nicht kühlen.

2 Die rohen Krabbenschwänze in einem Topf mit kaltem Wasser bedecken, zum Kochen bringen und höchstens 2 Minuten köcheln lassen. Dann abgießen und beiseite stellen.

3 Papayas längs halbieren und die schwarzen Kerne entfernen. Schale abziehen und Fruchtfleisch in gleich große Stücke schneiden.

4 Salatblätter in eine Schüssel geben. Krabbenschwänze, Papayas, Tomate und Frühlingszwiebeln dazugeben. Mit Dressing übergießen, mit Koriander und Chili garnieren und servieren.

Salat mit Backhühnchen und Walnüssen

Die Hühnchen können einen Tag im Voraus gebacken und der Salat am Tag selbst zubereitet werden. Servieren Sie dazu warmes Knoblauchbrot.

ZUTATEN

Für 8 Personen

4 frische Estragon- oder Rosmarinzweige
2 Hühnchen à 1,75 kg
5 EL weiche Butter
150 ml Hühnerbrühe
150 ml Weißwein
115 g Walnussstücke
1 kleine Netzmelone
Salatblätter
450 g kernlose Trauben oder entkernte Kirschen
Salz und gemahlener schwarzer Pfeffer

Für das Dressing

2 EL Estragonessig
120 ml helles Olivenöl
2 EL gehackte frische gemischte Kräuter wie Petersilie, Minze, Estragon

1 Backofen auf 200 °C (Gasherd: Stufe 6) vorheizen. Estragon- oder Rosmarinzweige in die Hühnchen geben und salzen und pfeffern.

2 Hühnchen mit 4 EL Butter bestreichen, in einen Bräter geben und mit Brühe umgießen. Locker mit Alufolie abdecken und 90 Minuten bei zweimaligem Übergießen im Backofen bräunen. Aus dem Bräter nehmen und beiseite stellen.

3 Bräter mit Wein ablöschen. Auf dem Herd zum Kochen bringen und zu einer sirupartigen Konsistenz einkochen. Umfüllen und abkühlen lassen. Übrige Butter in einer Pfanne erhitzen und Walnüsse leicht rösten, bis sie bräunen. Fruchtfleisch der Melone in Kugeln ausstechen oder würfeln. Hühnchen tranchieren.

4 Essig und Olivenöl für das Dressing mit etwas Salz und Pfeffer verschlagen. Das Fett vom Bratensaft abschöpfen und den Saft mit den Kräutern zum Dressing geben. Nach Geschmack nachwürzen.

5 Die Hühnchenteile mit Trauben oder Kirschen und Melone auf einem Salatbett anrichten und mit Dressing besprenkeln. Mit gerösteten Walnüssen bestreuen und servieren.

Salat mit Hühnerleber

Dieser köstliche Salat kann als sommerliches Hauptgericht oder als Vorspeise gereicht werden. Das kernig-süße Senfdressing ist eine perfekte Ergänzung zu den saftigen Hühnerlebern. Servieren Sie dazu ofenwarmes Brot.

ZUTATEN

Für 4 Personen

gemischte Salatblätter wie Frisée, Eichblattsalat, Radicchio
1 Avocado, gewürfelt
2 EL Zitronensaft
2 pink Grapefruits
350 g Hühnerlebern
2 EL Olivenöl
1 Knoblauchzehe, zerdrückt
Salz und gemahlener schwarzer Pfeffer
frischer Schnittlauch, zum Garnieren

Für das Dressing

2 EL Zitronensaft
4 EL Olivenöl
½ TL körniger Senf
½ TL klarer Honig
1 EL geschnittener frischer Schnittlauch
Salz und gemahlener schwarzer Pfeffer

1 Zitronensaft, Olivenöl, Senf, Honig und den frischen Schnittlauch für das Dressing in ein Schraubglas geben und kräftig schütteln. Mit Salz und frisch gemahlenem Pfeffer abschmecken.

2 Gewaschenen und gut abgetropften Salat dekorativ auf einem großen Vorlegeteller anrichten.

3 Avocadowürfel mit Zitronensaft durchheben, damit sie nicht bräunen. Zur Salatmischung geben.

4 Grapefruit schälen und das weiße Mark gründlich entfernen. Filetieren und mit Salat und Avocado anrichten.

5 Die Hühnerlebern auf Küchenpapier abtrocknen und putzen.

6 Größere Stücke mit einem scharfen Messer halbieren. Kleinere Stücke ganz lassen.

7 Öl in einer großen Pfanne erhitzen. Hühnerlebern mit Knoblauch unter Rühren anbraten, bis sie bräunen (sie sollten innen noch rosa sein).

8 Mit Salz und Pfeffer abschmecken, aus der Pfanne nehmen und auf Küchenpapier abtropfen lassen.

9 Warme Hühnerlebern auf den Salat geben und mit Dressing übergießen. Mit Schnittlauchhalmen garnieren und sofort servieren.

Hühnchensalat mit Lavendel

Lavendel als Salatzutat mag eher befremdlich wirken, aber sein betörender Duft harmoniert wunderbar mit Knoblauch, Orangen und anderen Kräutern. Die Polenta macht diesen Salat gehaltvoll.

ZUTATEN

Für 4 Personen

4 Hühnerbrüste ohne Knochen
900 ml Hühnerbrühe
175 g feines Polentamehl
4 EL Butter
450 g junge Spinatblätter
175 g Feldsalatblätter
8 kleine Tomaten, halbiert
Salz und gemahlener schwarzer Pfeffer
8 frische Lavendelzweige, zum Garnieren

Für die Lavendelmarinade

6 frische Lavendelblüten
2 TL fein geriebene Orangenschale
2 Knoblauchzehen, zerdrückt
2 TL klarer Honig
2 EL Olivenöl
2 TL gehackter frischer Thymian
2 TL gehackter frischer Majoran
Salz

1 Lavendelblüten für das Dressing von den Stängeln lösen und mit Orangenschale, Knoblauch, Honig und einer Prise Salz mischen. Olivenöl, Thymian und Majoran zugeben. Hühnerfleisch tief einschneiden, mit der Mischung bestreichen und 20 Minuten an einem kühlen Ort marinieren lassen.

2 Hühnerbrühe für die Polenta in einem schweren Topf zum Kochen bringen. Unter ständigem Rühren Polentamehl zufügen, bis die Mischung andickt: dies wird etwa 2–3 Minuten dauern. Polenta 2,5 cm hoch auf ein gebuttertes Blech streichen und abkühlen lassen.

3 Den Grill vorheizen (bei einem Holzkohlengrill sollten die Flammen vollständig niedergebrannt sein). Hühnerbrüste 15 Minuten von beiden Seiten grillen.

GUTER TIPP

Diese köstliche Lavendelmarinade passt auch hervorragend zu Salzwasserfisch. Probieren Sie sie zu gegrilltem Kabeljau, Schellfisch, Heilbutt, Seebarsch oder Brasse.

4 Abgekühlte Polenta mit einem nassen Messer in 2,5 cm große Würfel schneiden. Übrige Butter in einer großen Pfanne zerlassen und die Würfel goldbraun braten.

5 Salatblätter und Tomaten auf vier große Salatteller verteilen. Hühnerbrüste aufschneiden und auf den Salat legen. Polentawürfel auf dem Salat verteilen und nach Geschmack würzen. Mit Lavendelzweigen garnieren und anschließend servieren.

Salat mit Dijon-Hühnchen

Dieses attraktive klassische Gericht ist ein schlichtes, aber elegantes Mittagessen. Reichen Sie dazu Salatblätter und warmes Knoblauch-Kräuter-Brot.

ZUTATEN

Für 4 Personen

4 Hühnerbrüste ohne Haut und Knochen
gemischte Salatblätter wie Frisée, Eichblattsalat, Radicchio

Für die Marinade

2 EL Estragonessig
1 TL Dijon-Senf
1 TL klarer Honig
6 EL Olivenöl
Salz und gemahlener schwarzer Pfeffer

Für das Senfdressing

2 EL Dijon-Senf
3 Knoblauchzehen, zerdrückt
1 EL geriebene Zwiebel
4 EL Weißwein

1 Essig, Senf, Honig, Olivenöl, Salz und Pfeffer für die Marinade in einer flachen gläsernen oder irdenen Form vermengen. Die Form soll die Hühnerbrüste in einer Lage aufnehmen.

2 Hühnerbrüste so in die Form legen, dass sie sich nicht überlappen.

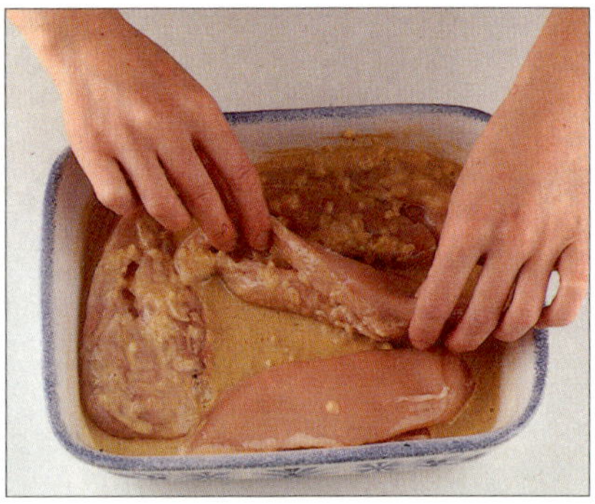

3 Hühnchen in der Marinade wälzen, mit Frischhaltefolie abdecken und über Nacht in den Kühlschrank stellen.

4 Backofen auf 190 °C (Gasherd: Stufe 5) vorheizen. Hühnchen und Marinade in eine feuerfeste Form geben, mit Alufolie bedecken und 35 Minuten im Backofen garen. Dann in der Marinade abkühlen lassen.

5 Alle Zutaten für das Senfdressing in ein Schraubglas geben und kräftig schütteln.

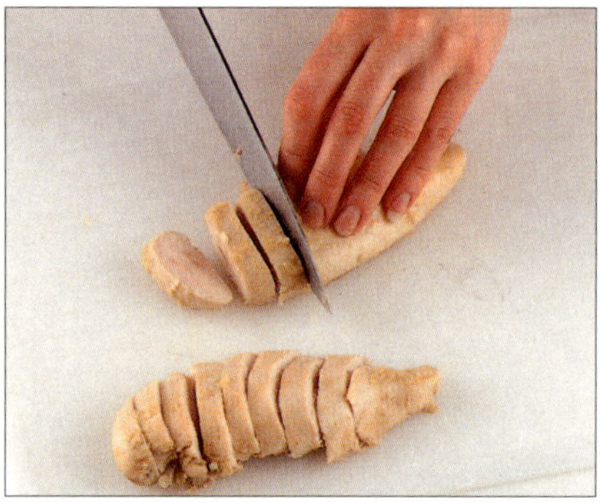

6 Hühnchen dünn aufschneiden und die Scheiben auffächern.

7 Hühnchenscheiben mit den Salatblättern auf einem Vorlegeteller anrichten. Mit etwas Senfdressing übergießen und servieren. Übriges Dressing in einer Schale oder einem Krug separat reichen.

GUTER TIPP

Das Dressing kann Tage im Voraus zubereitet und im Kühlschrank aufbewahrt werden.

Nudelsalat mit Entenbrust

Die Säure der Früchte passt hier wunderbar zum saftigen Entenfleisch, da sie es besser verdaulich macht. Zu diesem edlen Rezept gehören Äpfel, Orangen und, im Dressing, getrocknete Kirschen. Die Nudeln sorgen für einen guten Kohlenhydratgehalt und machen den Salat zu einer vollwertigen Mahlzeit.

ZUTATEN

Für 6 Personen

2 Entenbrüste ohne Knochen
Salz und gemahlener schwarzer Pfeffer
1 TL Korianderkörner, zerrieben
350 g Rigatoni
1 Apfel, gewürfelt
2 Orangen, filetiert
frischer gehackter Koriander und Minze, zum Garnieren

Für das Dressing

150 ml Orangensaft
1 EL Zitronensaft
2 TL klarer Honig
1 Schalotte, fein gehackt
1 Knoblauchzehe, zerdrückt
1 Selleriestange, gewürfelt
75 g getrocknete Kirschen
3 EL Portwein
1 EL gehackte frische Minze
2 EL gehackter frischer Koriander

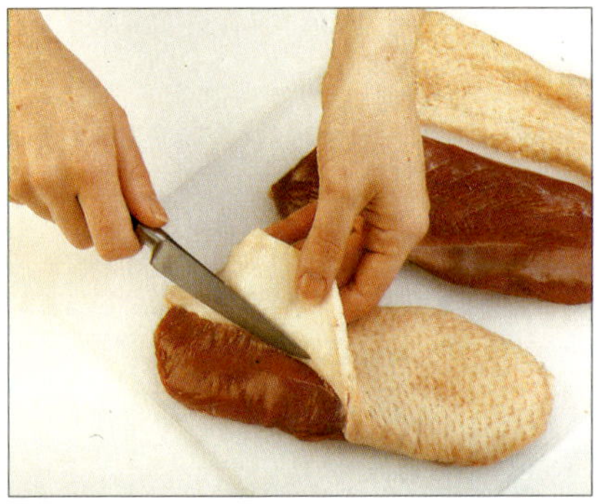

1 Grill vorheizen. Entenbrüste von Haut und Fett befreien, mit Salz und Pfeffer würzen und mit Koriander einreiben.

2 Die Entenbrüste 7–10 Minuten (abhängig von der Dicke) grillen. In Alufolie einschlagen und 20 Minuten ruhen lassen.

3 Die Nudeln in einem großen Topf mit sprudelndem Salzwasser *al dente* kochen. Gründlich abtropfen lassen und unter kaltem Wasser abspülen. Abkühlen lassen.

4 Orangensaft, Zitronensaft, Honig, Schalotte, Knoblauch, Sellerie, Kirschen, Portwein, Minze und frischen Koriander für das Dressing in einer kleinen Schüssel verschlagen und 30 Minuten ziehen lassen.

5 Entenbrüste auspacken und mit einem scharfen Messer sehr dünn aufschneiden (das Fleisch sollte im Inneren noch leicht rosa sein).

6 Die Nudeln in eine große Schüssel geben, Dressing, Apfelwürfel und Orangenfilets zugeben und gut durchheben.

7 Den Salat mit den Entenscheiben auf einen Vorlegeteller geben und mit Koriander und Minze garnieren.

Entensalat mit Orangensauce

Das wildähnliche Aroma der Ente bildet die Grundlage für diesen köstlichen Salat. Servieren Sie ihn im Spätsommer oder Herbst und genießen Sie die warmen Aromen von Orange und Koriander. Knoblauchcroûtons machen den Salat knusprig.

ZUTATEN

Für 4 Personen

1 kleine Orange
2 Entenbrüste ohne Knochen
150 ml trockener Weißwein
1 TL gemahlener Koriander
½ TL gemahlener Kümmel oder Fenchelsamen
2 EL Zucker
Saft von ½ kleinen Limette oder Zitrone
75 g Brot vom Vortag, in dicken Scheiben
3 EL Knoblauchöl
½ Eskarol
½ Friséesalat
2 EL Sonnenblumen- oder Erdnussöl
Salz und Cayennepfeffer
4 frische Korianderzweige, zum Garnieren

1 Orange halbieren und in dicke Scheiben schneiden. Kerne entfernen; Scheiben in einen kleinen Topf geben. Mit Wasser bedecken, aufkochen und 5 Minuten köcheln lassen, um Bitterstoffe zu entziehen. Scheiben abgießen, beiseite stellen.

2 Haut der Entenbrüste mit einem kleinen Messer diagonal einschneiden (das erleichtert das Auslassen). Haut mit Salz einreiben.

3 Entenbrüste in einer stählernen oder gusseisernen Pfanne 20 Minuten von beiden Seiten braten. Auf einen warmen Teller geben, abdecken und warm stellen.

4 Bratensaft in der Pfanne erhitzen, bis er bräunt und karamellisiert. Mit Wein ablöschen und unter Rühren vom Boden loskochen. Koriander, Kümmel (oder Fenchelsamen), Zucker und Orangenscheiben hineingeben.

5 Unter starkem Kochen eindicken lassen. Mit Limetten- oder Zitronensaft erfrischen und mit Salz und Cayennepfeffer abschmecken. Die Orangensauce in eine Schüssel umfüllen, abdecken und warm stellen.

6 Brotkrusten abschneiden und das Brot in kurze Riegel schneiden. Knoblauchöl in einer schweren Pfanne erhitzen und die Croûtons bräunen. Salzen und auf Küchenpapier abtropfen lassen.

7 Salatblätter mit etwas Sonnenblumen- oder Erdnussöl besprenkeln und auf vier große Salatteller verteilen.

8 Entenbrüste mit einem Tranchiermesser diagonal aufschneiden. Fleisch auf den Salattellern verteilen. Mit Orangensauce übergießen, mit den Croûtons bestreuen, mit einem frischen Korianderzweig garnieren und warm servieren.

Nudelsalat mit Sesam-Ente

Dieser Salat ist eine komplette Mahlzeit und eignet sich gut als sommerliches Mittagessen. Die Marinade ist eine wunderbare Mischung asiatischer Aromen.

ZUTATEN

Für 4 Personen

2 Entenbrüste ohne Knochen
1 EL Öl
150 g Zuckerschoten
2 Karotten, in 7,5 cm lange Stifte geschnitten
225 g asiatische Eiernudeln
6 Frühlingszwiebeln, in Scheiben
Salz
2 EL frische Korianderblätter, zum Garnieren

Für die Marinade

1 EL Sesamöl
1 TL gemahlener Koriander
1 TL Fünf-Gewürz-Mischung

Für das Dressing

1 EL Essig
1 TL brauner Zucker
1 TL Sojasauce
1 Knoblauchzehe, zerdrückt
1 EL Sesamkörner, geröstet
3 EL Sonnenblumenöl
2 EL Sesamöl
gemahlener schwarzer Pfeffer

1 Entenbrüste dünn aufschneiden und in eine flache Form geben. Die Zutaten für die Marinade vermengen, über das Fleisch geben und gründlich durchheben. Abdecken und 30 Minuten an einem kühlen Ort stehen lassen.

2 Öl in einer Pfanne erhitzen und die Entenbrustscheiben 3–4 Minuten pfannenrühren. Auf die Seite stellen.

3 Leicht gesalzenes Wasser in einem Topf zum Kochen bringen. Zuckerschoten und Karotten in einen passenden Dämpfeinsatz geben. Sobald das Wasser kocht, Nudeln hinein geben. Dämpfeinsatz auf den Topf setzen; Gemüse beim Kochen der Nudeln dämpfen.

4 Gemüse auf die Seite stellen. Nudeln abgießen, unter kaltem Wasser abschrecken und abtropfen lassen. Dann in eine große Salatschüssel geben.

5 Essig, Zucker, Sojasauce, Knoblauch und Sesamkörner für das Dressing in eine Schüssel geben. Großzügig pfeffern, dann die Öle zugeben.

6 Dressing über die Nudeln geben; gut durchheben. Zuckerschoten, Karotten, Frühlingszwiebeln und Entenscheiben zugeben und durchheben. Mit Korianderblättern bestreuen. Sofort servieren.

Prosciutto-Salat mit Avocado-Fächer

Avocados sind erstaunlich vielseitig – sie können als essbare Gefäße dienen, aufgeschnitten oder gewürfelt im Salat verarbeitet werden oder die Grundlage für eine köstliche Suppe oder Sauce bilden. Am elegantesten wirken sie dünn aufgeschnitten und aufgefächert auf einem Salatteller.

ZUTATEN

Für 4 Personen

3 Avocados

150 g Prosciuttoschinken

75–115 g Raukeblätter

24 marinierte schwarze Oliven, abgetropft

Für das Dressing

1 EL Balsamessig

1 TL Zitronensaft

1 TL mittelscharfer Senf

1 TL Zucker / 5 EL Olivenöl

Salz und gemahlener schwarzer Pfeffer

1 Essig, Zitronensaft, Senf und Zucker für das Dressing in einer Schüssel mischen. Öl einschlagen, abschmecken und auf die Seite stellen.

2 Zwei Avocados halbieren. Kerne und Schale entfernen und das Fruchtfleisch in 1 cm dicke Scheiben schneiden. Dann mit der Hälfte des Dressings durchheben. Prosciutto, Avocadoscheiben und Raukeblätter auf vier Salatteller verteilen. Mit Oliven bestreuen und mit übrigem Dressing besprenkeln.

3 Dritte Avocado halbieren, entkernen und schälen. Die Hälften längs in Achtel schneiden. Mit einem Kannelliermesser in Abständen von 1 cm gleichmäßige Rillen hineinschneiden.

4 Jedes Avocadoachtel längs viermal einschneiden, dabei ein 1 cm langes Ende intakt lassen. Die Scheiben vorsichtig auffächern und am Tellerrand anrichten.

Melone mit Parmaschinken

Kühle, duftende Melonenscheiben mit Scheiben luftgetrockneten Schinkens sind eine köstliche Vorspeise. Wenn Erdbeeren gerade Saison haben, können Sie eine herzhaft-süße Erdbeer-Salsa dazu reichen.

ZUTATEN

Für 4 Personen

1 große Melone (Netzmelone, Galia oder Charentais)
175 g Parmaschinken, dünn geschnitten

Für die Salsa

225 g Erdbeeren
1 TL Zucker
2 EL Erdnuss- oder Sonnenblumenöl
1 EL Orangensaft
½ TL fein abgeriebene Orangenschale
½ TL geriebener frischer Ingwer
Salz und gemahlener schwarzer Pfeffer

1 Melone halbieren und Kerne mit einem Löffel auslösen. Mit einem Schälmesser schälen und das Fruchtfleisch in dicke Scheiben schneiden. Bis zum Servieren kalt stellen.

2 Erdbeeren für die Salsa putzen und in große Würfel schneiden. Mit dem Zucker in eine kleine Schüssel geben und leicht zerdrücken, um den Saft freizusetzen. Öl, Orangensaft und -schale sowie Ingwer zugeben. Mit Salz und Pfeffer großzügig abschmecken.

3 Die Melonenscheiben auf einem Vorlegeteller anrichten und mit Schinken belegen. Salsa in einer separaten Schale servieren.

Wildpilzsalat mit Parmaschinken

Der Herbst beschenkt uns mit einem Füllhorn an Salatzutaten – sehr beliebt sind dabei vor allem heimische Wildpilze. Wenn Sie sich nicht genauestens mit Speisepilzen auskennen, sollten Sie die Pilze kaufen statt selbst zu sammeln.

ZUTATEN

Für 4 Personen

- 175 g Parmaschinken in dicken Scheiben
- 3 EL Butter
- 450 g Wild- oder Zuchtpilze wie Pfifferlinge, Ritterlinge, Austernpilze, Champignons, in Scheiben geschnitten
- 4 EL Weinbrand
- ½ Eichblattsalat
- ½ Friséesalat
- 1 EL Walnussöl
- Salz und gemahlener schwarzer Pfeffer

Für die Kräuterpfannkuchen

- 3 EL Weizenmehl
- 5 EL Milch
- 1 Ei und 1 Eigelb zusätzlich
- 4 EL geriebener Parmesankäse
- 3 EL gehackte frische gemischte Kräuter wie Petersilie, Thymian, Estragon, Majoran, Schnittlauch
- Salz und gemahlener schwarzer Pfeffer

1 Mehl für die Pfannkuchen in einem Messbecher mit Milch vermengen. Ei und Eigelb mit Parmesan, Kräutern und Gewürzen zugeben und verschlagen. Eine beschichtete Pfanne erhitzen und den Teig hineingeben, so dass der Boden bis zum Rand bedeckt ist.

2 Sobald der Teig gestockt ist, den Pfannkuchen wenden und kurz von der anderen Seite backen. Auf einen Teller gleiten und abkühlen lassen. Wiederholen, bis der Teig aufgebraucht ist.

3 Pfannkuchen zusammenrollen und in 1 cm breite Streifen schneiden. Parmaschinken in gleich große Streifen schneiden und mit den Pfannkuchenstreifen mischen.

4 Butter in einer Pfanne erhitzen, bis sie schäumt. Pilze zugeben und 6–8 Minuten schwenken. Mit Weinbrand übergießen und flambieren. Die Flammen erlöschen, sobald der Alkohol verbrannt ist. Salatblätter mit Walnussöl besprenkeln und auf vier Salatteller verteilen. Schinken- und Pfannkuchenscheiben in die Mitte geben, Pilze darauf anrichten, würzen und warm servieren.

Kräuternudelsalat mit Rindfleisch

Mageres, zartes Rindfleisch wird mit Ingwer und Knoblauch mariniert, dann leicht gegrillt und warm an einem Kräuternudelsalat serviert.

ZUTATEN

Für 6 Personen

450 g Rinderfilet
450 g frische Tagliatelle mit sonnengetrockneten Tomaten und Kräutern
115 g Cocktailtomaten
½ Salatgurke

Für die Marinade

1 EL Sojasauce
1 EL Sherry
1 TL geriebener frischer Ingwer
1 Knoblauchzehe, zerdrückt

Für das Kräuterdressing

2–3 EL Meerrettichsauce
150 ml Naturjoghurt
1 Knoblauchzehe, zerdrückt
2–3 EL gehackte frische gemischte Kräuter wie Schnittlauch, Petersilie, Thymian
Salz und gemahlener schwarzer Pfeffer

1 Alle Zutaten für die Marinade in einer flachen Schüssel mischen. Das Rinderfilet hinein geben und gründlich wälzen. Mit Frischhaltefolie abdecken und 30 Minuten marinieren lassen.

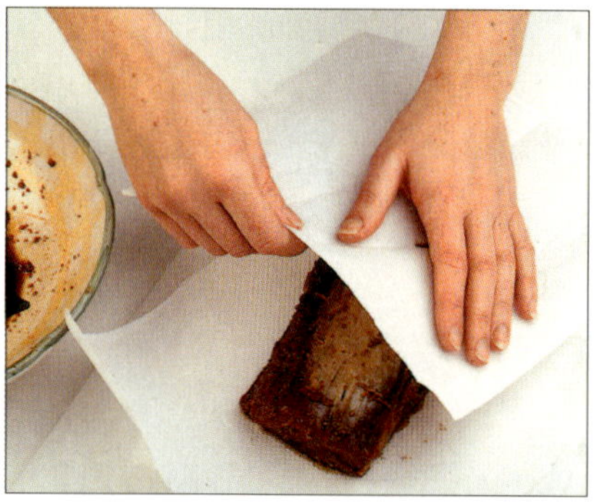

2 Grill vorheizen. Filet aus der Marinade heben und mit Küchenpapier trocken tupfen. Auf den Grillrost legen und 8 Minuten von jeder Seite grillen; dabei mit der Marinade bestreichen.

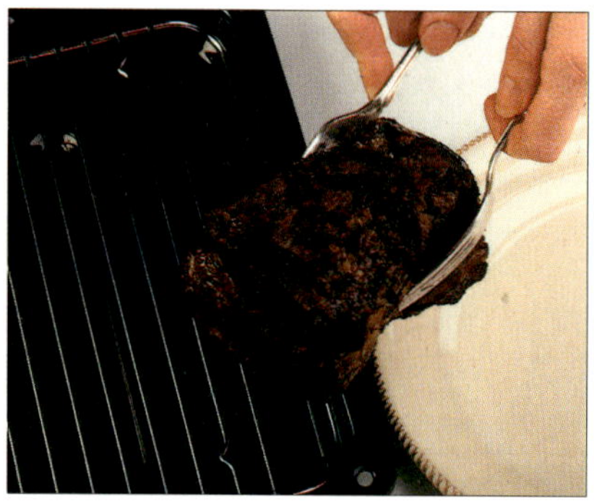

3 Filet auf einen Teller legen, mit Alufolie bedecken und 20 Minuten ruhen lassen.

4 Alle Zutaten für das Kräuterdressing gründlich in einer Schüssel vermischen. Die Nudeln *al dente* kochen, gründlich abtropfen lassen und unter kaltem Wasser abspülen und abtropfen lassen.

5 Die Tomaten halbieren. Gurke längs halbieren, die Kerne mit einem Löffel auslösen und das Fruchtfleisch in dünne Halbmonde schneiden.

6 Nudeln, Tomaten, Gurke und Dressing in eine Rührschüssel geben und durchheben. Das Fleisch aufschneiden und mit dem Nudelsalat auf einzelnen Tellern anrichten. Warm servieren.

Rockburger-Salat mit Sesamcroûtons

Dieser Salat spielt mit den typischen Zutaten eines klassischen amerikanischen Hamburgers. Im Innern des Burgers liegt eine Schicht Roquefort verborgen.

ZUTATEN

Für 4 Personen

900 g mageres Rindergehacktes
1 Ei
1 mittelgroße Zwiebel, fein gehackt
2 TL Dijon-Senf
½ TL Selleriesalz
115 g Roquefort- oder anderer Blauschimmelkäse
1 großes Sesambrot
3 EL Olivenöl
1 kleiner Eisbergsalat
50 g Rauke- oder Brunnenkresseblätter
120 ml Vinaigrette
4 reife Tomaten, gewürfelt
4 große Frühlingszwiebeln, in Scheiben
gemahlener schwarzer Pfeffer

1 Hackfleisch, Ei, Zwiebel, Senf, Selleriesalz und Pfeffer in einer Rührschüssel gründlich verkneten. Die Mischung in 16 Portionen aufteilen.

2 Portionen zwischen zwei Lagen Frischhaltefolie oder Backpapier auf 13 cm Größe flach drücken.

3 Auf acht Scheiben je 15 g Roquefort geben. Mit den anderen Scheiben abdecken und die Ränder fest zusammen drücken. Zwischen Lagen von Frischhaltefolie oder Backpapier legen und bis zum Grillen kalt stellen.

4 Den Grill vorheizen. Die Sesamkruste vom Brot abschneiden und in kurze Riegel schneiden. Mit Olivenöl besprenkeln und 10–15 Minuten rundum grillen.

5 Die Burger 10 Minuten bei gleichmäßiger Hitze grillen, dabei einmal wenden.

6 Salatblätter mit der Vinaigrette durchheben und auf vier große Teller verteilen. In die Mitte jedes Tellers zwei Rockburger geben und Tomaten, Frühlingszwiebeln und Sesamcroûtons um den Rand herum anrichten.

GUTER TIPP

Statt Sesambrot können Sie auch Baguette nehmen. Schneiden Sie die Stange in 1 cm dicke Scheiben, bestreichen Sie sie mit Olivenöl und backen Sie sie 15 Minuten bei schwacher Hitze im Backofen knusprig und goldgelb.

OBSTSALATE

Frischer Obstsalat

Dieser einfache Obstsalat ist immer willkommen, besonders nach einem reichhaltigen Hauptgericht. Er ist sehr wandlungsfähig – wenn Pfirsiche und Erdbeeren nicht erhältlich sind, können Sie auch Bananen und Trauben oder jedes andere Obst verwenden.

ZUTATEN

Für 6 Personen

2 Äpfel
2 Orangen
2 Pfirsiche
16–20 Erdbeeren
2 EL Zitronensaft
1–2 TL Orangenblütenwasser
Puderzucker (nach Belieben)
einige frische Minzezweige, zum Garnieren

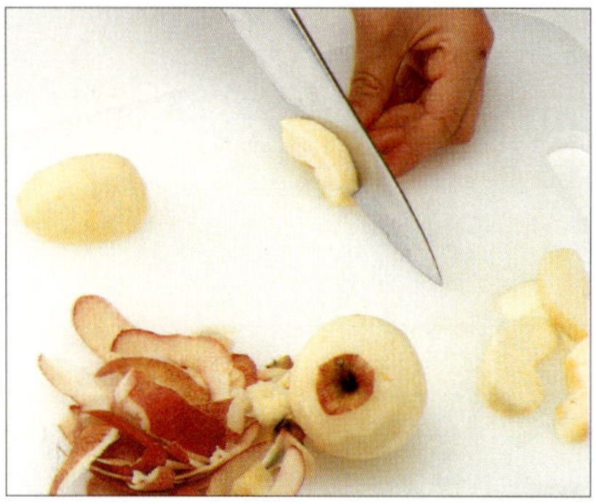

1 Äpfel schälen, entkernen und in dünne Scheiben schneiden. Orangen mit einem scharfen Messer schälen, Mark entfernen und über einer Schüssel filetieren, um den Saft aufzufangen.

2 Pfirsiche 1 Minute in kochendes Wasser tauchen, Schale abziehen, Fruchtfleisch in dicke Scheiben schneiden. Kerne wegwerfen.

3 Erdbeeren putzen und je nach Größe halbieren oder vierteln. Alle Früchte in eine große Salatschüssel geben.

4 Zitronensaft, Orangenblütenwasser und Orangensaft mischen. Nach Belieben mit etwas Puderzucker süßen. Fruchtsaftmischung über den Salat geben und mit Minzeblättern garniert servieren.

Obstsalat mit Trockenfrüchten

Diese wunderbare Kombination frischer und getrockneter Früchte eignet sich das ganze Jahr über als leckeres Dessert. Verwenden Sie im Winter tiefgefrorene Himbeeren und Brombeeren.

ZUTATEN

Für 4 Personen

115 g getrocknete Aprikosen
115 g getrocknete Pfirsiche
1 Birne
1 Apfel
1 Orange
115 g gemischte Himbeeren und Brombeeren
1 Zimtstange
50 g Zucker
1 EL klarer Honig
1 EL Zitronensaft

1 Getrocknete Aprikosen und Pfirsiche 1–2 Stunden in Wasser quellen lassen, abgießen und halbieren oder vierteln. Birne und Apfel schälen, entkernen und würfeln.

2 Orange mit einem scharfen Messer sauber schälen und in Spalten schneiden. Alle Früchte mit den Beeren in einen großen Topf geben.

3 600 ml Wasser, Zimtstange, Zucker und Honig zugeben und zum Kochen bringen. Abdecken und 10–12 Minuten leicht köcheln lassen. Vom Herd nehmen.

4 Zitronensaft einrühren. Abkühlen lassen, in eine Schüssel umfüllen und vor dem Servieren 1–2 Stunden in den Kühlschrank stellen.

Frischer grüner Obstsalat

Ein raffinierter, einfacher Obstsalat für jede Jahreszeit.

ZUTATEN

Für 6 Personen

3 Galia-Melonen

115 g kernlose grüne Trauben

2 Kiwi

1 Sternfrucht

1 grüner Apfel

1 Limette

175 ml Traubensaft

1 Melonen halbieren und Kerne entfernen. Fruchtfleisch mit einem Kugelausstecher aus der Schale löffeln oder mit einem Löffel auslösen und würfeln. Melonenschalen auf die Seite stellen.

2 Stiele von den Trauben entfernen und größere Trauben halbieren. Kiwis schälen und in Stücke schneiden. Sternfrucht dünn in Scheiben schneiden. Apfel entkernen, in dünne Scheiben schneiden und mit Melonen, Trauben, Kiwis und Sternfrucht in eine Rührschüssel geben.

3 Limette dünn schälen, Schale in feine Streifen schneiden. Limettenstreifen 30 Sekunden in kochendem Wasser blanchieren, abtropfen lassen; in kaltem Wasser abschrecken. Limette auspressen; Früchte mit dem Saft durchheben.

4 Obstsalat auf die Melonenschalen verteilen und bis zum Servieren in den Kühlschrank stellen. Salat unmittelbar vor dem Servieren mit Traubensaft übergießen und mit Limettenstreifen bestreuen.

GUTER TIPP

Servieren Sie die Melonenschalen an einem heißen Sommertag auf einem Bett aus zerstoßenem Eis, um den Salat erfrischend kühl zu halten.

Winterlicher Obstsalat

Ein farbenfroher, erfrischender und nahrhafter Salat, der gut zu griechischem Joghurt passt.

ZUTATEN

Für 6 Personen

225 g-Dose Ananasstücke im eigenen Saft
200 ml frisch gepresster Orangensaft
200 ml ungesüßter Apfelsaft
2 EL Orangen- oder Apfellikör
2 EL klarer Honig (nach Belieben)
2 Orangen, geschält
2 grüne Äpfel, in Spalten geschnitten
2 Birnen, in Spalten geschnitten
4 Pflaumen, entkernt und in Spalten geschnitten
12 frische Datteln, entkernt und in Spalten geschnitten
115 g getrocknete Aprikosen
frische Minzezweige, zum Garnieren

1 Ananasstücke abgießen, den Saft auffangen. Ananassaft, Orangensaft, Apfelsaft, Likör und Honig in einer großen Salatschüssel verrühren.

2 Orangen filetieren, den Saft in der Schüssel auffangen. Orangenfilets und Ananasstücke in die Obstsaftmischung geben.

3 Apfel- und Birnenspalten in die Schüssel geben.

4 Pflaumen, Datteln und Aprikosen einrühren, abdecken und mehrere Stunden kalt stellen. Mit frischen Minzezweigen garniert servieren.

GUTER TIPP

Nehmen Sie zur Abwechslung auch andere ungesüßte Fruchtsäfte wie Grapefruit- und Ananassaft.

Italienischer Obstsalat mit Eiscreme

Wenn Sie Ihren Sommerurlaub in Italien verbringen, werden Sie dort überall kleine Obststände finden, die Erfrischungen aus mazeriertem Obst verkaufen, das sich auch hervorragend als Eisdessert eignet.

ZUTATEN

Für 6 Personen

900 g gemischtes Sommerobst wie Erdbeeren, Himbeeren, Loganbeeren, rote Johannisbeeren, Blaubeeren, Pfirsiche, Aprikosen, Pflaumen, Melonen
Saft von 3–4 Orangen
Saft von 1 Zitrone
1 EL flüssiges Birnen- und Apfelkonzentrat
4 EL Schlagsahne
2 EL Orangenlikör (nach Belieben)
frische Minzezweige, zum Dekorieren

1 Obst je nach Sorte zubereiten und in relativ kleine Stücke schneiden.

2 Obst in einer Salatschüssel mit Orangensaft bedecken. Zitronensaft dazugießen und 2 Stunden kalt stellen.

3 Die Hälfte des mazerierten Obstes zum Servieren auf die Seite stellen. Die andere Hälfte im Mixer pürieren.

4 Birnen- und Apfelkonzentrat sanft erwärmen und in das Obstpüree einrühren. Sahne steif schlagen, unter das Püree ziehen und den Likör zugeben.

5 Mischung in einer Eiscrememaschine rühren. Alternativ in ein Gefriergefäß füllen. Einfrieren, bis sich Eiskristalle am Rand bilden, dann glatt schlagen.

6 Vorgang ein-, zweimal wiederholen, dann fest frieren lassen.

7 Kurz im Kühlschrank antauen lassen, dann mit Portionen des Obstes und Minzezweigen servieren.

GUTER TIPP

Das mazerierte Obst eignet sich auch als erfrischendes Getränk, wenn man es püriert und durch ein Sieb streicht.

Melonen-Ingwer-Grapefruit-Salat

Hier eine dekorative und sehr leichte Erfrischung zu jeder sommerlichen Mahlzeit.

ZUTATEN

Für 4 Personen

450 g Fruchtfleisch der Wassermelone

2 rote oder pinkfarbene Grapefruits

2 Stücke Stängel Ingwer und 2 EL Ingwersirup

1 Melonenkerne entfernen und das Fruchtfleisch in mundgerechte Stücke schneiden.

2 Grapefruit mit einem kleinen, scharfen Messer sauber schälen, filetieren und den Saft in einer Schüssel auffangen.

3 Ingwer klein schneiden und mit Melonenstücken, Grapefruitfilets und -saft in eine Servierschüssel geben.

4 Den Salat mit Ingwersirup übergießen, durchheben und gekühlt servieren.

GUTER TIPP

Heben Sie den Salat vorsichtig durch – die Grapefruitstücke brechen leicht und der Salat sieht dann nicht mehr appetitlich aus.

Frisches Obst mit Mango-Coulis

Fruchtsauce oder Coulis wurde durch die Nouvelle cuisine in den 1970er Jahren bekannt. Diese helle, aromatische Sauce ist einfach zuzubereiten und veredelt jeden einfachen Obstsalat.

ZUTATEN

Für 6 Personen

1 große reife Mango, geschält, entkernt und gehackt
Schale von 1 ungespritzten Orange
Saft von 3 Orangen
Zucker, nach Belieben
2 Pfirsiche
2 Nektarinen
1 kleine Mango, geschält
2 Pflaumen
1 Birne oder ½ kleine Melone
Saft von 1 Zitrone
25–50 g Walderdbeeren (nach Belieben)
25–50 g Himbeeren
25–50 g Blaubeeren
kleine frische Minzezweige, zum Garnieren

1 Große Mango im Mixer glatt pürieren. Orangenschale und -saft und Zucker nach Geschmack hineingeben und erneut glatt mixen. Durch ein Sieb in eine Schüssel streichen und kalt stellen.

2 Pfirsiche, Nektarinen, kleine Mango und Pflaumen aufschneiden und entkernen. Birne vierteln und entkernen und die Melone dünn aufschneiden und schälen.

3 Obst auf einem großen Teller ausbreiten, mit Zitronensaft besprenkeln und mit Frischhaltefolie bedeckt bis zu 3 Stunden kalt stellen (einige Früchte verfärben sich, wenn sie zu früh aufgeschnitten werden).

4 Obst zum Servieren auf vier Tellern anrichten, mit Beeren bestreuen, mit etwas Mango-Coulis beträufeln und mit Minzezweigen dekorieren. Restliches Coulis separat reichen.

Obstsalat »Tropical«

Ein cremiger exotischer Fruchtsalat mit Kokosnuss und Gewürzen.

ZUTATEN

Für 4–6 Personen

1 mittelgroße Ananas

400 g-Dose Guavenhälften in Sirup

2 mittelgroße Bananen, in Scheiben

1 große Mango, geschält, entkernt und gewürfelt

115 g Stängel-Ingwer und 2 EL Ingwersirup

4 EL Kokosmilch

2 TL Zucker

½ TL geriebene Muskatnuss

½ TL Zimtpulver

Kokosstreifen, zum Garnieren

1 Ananas schälen, entkernen, würfeln. In eine Salatschüssel geben. Guaven abgießen, Sirup auffangen; Fruchtfleisch klein schneiden. Guaven mit einer Banane und der Mango in die Schüssel geben.

2 Den Ingwer klein schneiden und zur Ananasmischung geben.

3 2 EL Ingwersirup und den aufgefangenen Guavensirup mit Banane, Kokosmilch und Zucker in den Mixer geben und zu einem glatten, cremigen Püree verarbeiten.

4 Bananen-Kokospüree über das Obst geben und mit Muskat und Zimt würzen. Gekühlt und mit Kokosstreifen garniert servieren.

Exotischer Obstsalat

Für diesen Salat empfiehlt sich eine Vielzahl von Früchten. Halten Sie nach frischen Tangerinen, Sternfrucht, Papaya, Physalis und Passionsfrucht Ausschau.

ZUTATEN

Für 4 Personen

75 g Zucker
2 EL Ingwersirup
2 Anissterne
2,5 cm Zimtstange
1 Gewürznelke
Saft von ½ Zitrone
2 frische Minzezweige
1 Mango
2 Bananen
8 Litschis, frisch oder aus der Dose
225 g Erdbeeren
2 Stücke Stängel-Ingwer, in Stifte geschnitten
1 mittelgroße Ananas

1 Zucker mit 300 ml Wasser, Ingwersirup, Gewürzen, Zitronensaft und Minze in einen Topf geben. Zum Kochen bringen und 3 Minuten köcheln lassen. Durch ein feines Sieb in eine große Schüssel gießen.

2 Mango oben und unten abschneiden und äußere Schale abziehen. Auf die Arbeitsfläche stellen und das Fruchtfleisch beiderseits des flachen Kerns abschneiden. Gleichmäßig aufschneiden und mit Bananen, Litschis, Erdbeeren und Ingwer in den Sirup geben. Bis zum Servieren kalt stellen.

3 Ananas längs halbieren. Fruchtfleisch mit einem kleinen Sägemesser auslösen, so dass die Halbschalen intakt bleiben. Würfeln und in den abgekühlten Sirup geben.

4 Obst in die Ananashälften füllen und auf einem großen Vorlegeteller oder Holzbrett zu Tisch bringen. Es bleibt genug Obstsalat für eine zweite Portion übrig.

Melonen-Erdbeer-Salat

Freuen Sie sich auf einen bunten Obstsalat, der sich als erfrischende Vorspeise und als Dessert eignet.

ZUTATEN

Für 4 Personen

1 Galia-Melone

1 Honigmelone

½ Wassermelone

225 g Erdbeeren

1 EL Zitronensaft

1 EL klarer Honig

1 EL gehackte frische Minze

1 frischer Minzezweig (nach Belieben)

1 Melonen halbieren und entkernen. Das Fruchtfleisch mit einem Kugelausstecher auslösen oder würfeln. Kugeln oder Würfel in eine Schüssel geben.

2 Die Erdbeeren waschen und putzen, halbieren und zu den Melonenkugeln oder -würfeln geben.

3 Zitronensaft und Honig vermengen und mit 1 EL Wasser verdünnen. Zum Obst geben und vorsichtig durchheben.

4 Die Minze über das Obst streuen. Anschließend den Obstsalat mit einem Minzezweig garniert servieren.

GUTER TIPP

Sie können für diesen Salat jede Melonensorte verwenden: etwa Netzmelone statt Galia oder Charentais an Stelle der Wassermelone. Sie sollten sich nur aus optischen Gründen farblich unterscheiden.

Blaubeer-Orangen-Salat mit Lavendel

Hier treffen köstliche Blaubeeren auf frische Orangen und süße, kleine Lavendel-Baisers.

ZUTATEN

Für 4 Personen

6 Orangen

350 g Blaubeeren

8 frische Lavendelzweige, zum Garnieren

Für die Baisers

2 Eiweiß

115 g Zucker

1 TL frische Lavendelblüten

1 Den Backofen auf 140 °C (Gasherd: Stufe 1) vorheizen. Ein Backblech mit sechs Lagen Zeitungspapier und einem Blatt Backpapier obenauf auslegen. Eiweiß für die Baisers steif schlagen. Nach und nach Zucker zugeben und nach jeder Zugabe gründlich verschlagen. Dann die Lavendelblüten unterziehen.

2 Nun die Mischung in einen Spritzbeutel mit einer glatten 5 mm-Spitze geben. Dann möglichst viele kleine Baiserkugeln auf das Backpapier spritzen. Baisers auf unterster Schiene 1 1/2–2 Stunden backen.

3 Die Orangen mit einem Sägemesser schälen. Filets mit einem kleinen, scharfen Messer aus den Zwischenhäuten lösen und den Saft in einer Schüssel auffangen.

4 Orangenfilets auf vier Teller anrichten.

5 Blaubeeren mit den Lavendelbaisers mischen und in die Mitte jedes Tellers häufen. Mit Lavendelzweigen garnieren und servieren.

Feigen-Apfel-Salat mit Datteln

Die süßen Mittelmeerdatteln und -feigen harmonieren besonders gut mit den knackigen Äpfeln. Ein Hauch von Mandeln verbindet die Aromen.

ZUTATEN

Für 4 Personen

6 große Äpfel
Saft von ½ Zitrone
175 g frische Datteln
25 g Marzipan
1 TL Orangenblütenwasser
4 EL Naturjoghurt
4 reife grüne oder violette Feigen
4 Mandeln, geröstet

1 Äpfel entkernen. In dünne Scheiben, dann in feine Stifte schneiden. Mit Zitronensaft besprenkeln, damit sie nicht bräunen.

2 Die Datteln entkernen, in feine Streifen schneiden und mit den Apfelstiften mischen.

3 Marzipan mit Orangenblütenwasser einweichen und gründlich mit Joghurt vermischen.

4 Äpfel und Datteln in der Mitte von je vier Tellern anrichten. Die Stiele der Feigen entfernen und Feigen vierteln, ohne sie ganz durchzuschneiden. Boden der Früchte zwischen Daumen und Zeigefinger pressen, um sie zu öffnen.

5 Eine Feige in die Mitte jedes Salats setzen, die Joghurtfüllung hinein geben und mit einer gerösteten Mandel dekorieren.

Brombeersalat mit Rosen-Granita

Die Brombeere zählt zur Familie der Rosengewächse und harmoniert gut mit Rosenwasser. Hier wird ein Rosensirup zu einer Granita gefroren und auf Baiserröllchen serviert.

ZUTATEN

Für 4 Personen

150 g Zucker
1 frische rote Rose, Blüten fein gehackt
1 TL Rosenwasser
2 TL Zitronensaft
450 g Brombeeren
Puderzucker, zum Bestäuben
frische Rosenblätter, zum Garnieren

Für die Baisers

2 Eiweiß
115 g Zucker

1 150 ml Wasser in einem Stahl- oder Emailletopf zum Kochen bringen. Zucker und Rosenblätter dazugeben und 5 Minuten köcheln lassen.

2 Den Sirup in eine tiefe Pfanne füllen, weitere 450 ml Wasser, Rosenwasser und Zitronensaft zugeben und abkühlen lassen. Die Mischung 3 Stunden im Gefrierfach einfrieren.

3 In der Zwischenzeit den Backofen auf 140 °C (Gasherd: Stufe 1) vorheizen. Ein Backblech mit sechs Lagen Zeitungspapier und einem Blatt Backpapier auslegen.

4 Eiweiß für den Baiser steif schlagen. Nach und nach Zucker zugeben und nach jeder Zugabe gründlich verschlagen.

GUTER TIPP

Brombeeren werden vom späten Frühjahr bis zum Herbst geerntet und sind meist dick und süß. Die besten Wildbrombeeren haben eine leicht bittere Note und einen besonders vollen Geschmack, den man am besten mit ein wenig Zucker betont.

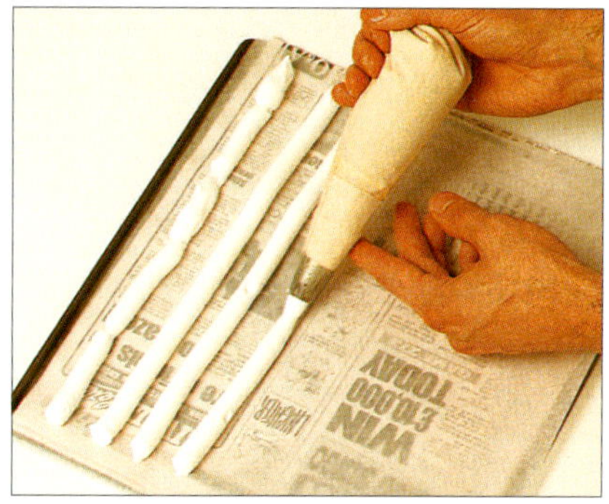

5 Baiser in einen Spritzbeutel mit einer 1 cm-Spitze füllen. In Strängen auf das Backpapier spritzen. Baiser auf unterster Schiene $1\frac{1}{2}$–2 Stunden backen.

6 Baiser in 5 cm lange Stücke brechen und je drei oder vier Stücke auf vier große Teller geben. Die Brombeeren daneben anrichten.

7 Die Granita mit einem Esslöffel in ovale Rollen portionieren und auf die Baiserröllchen legen. Mit Puderzucker bestäuben, mit Rosenblättern garnieren und servieren.

Himbeeren mit Mangocreme

Dieser außergewöhnliche Salat vereinigt die Säure frischer Himbeeren mit der Fülle duftender Mangos in einer köstlichen Creme.

ZUTATEN

Für 4 Personen

1 große Mango
3 Eigelbe
2 EL Zucker
2 TL Maisstärke
200 ml Milch
8 frische Minzezweige, zum Garnieren

Für die Himbeersauce

450 g Himbeeren
3 EL Zucker

1 Mango oben und unten mit einem Sägemesser abschneiden. Äußere Schale entfernen und das Fruchtfleisch beiderseits des flachen Kerns abschneiden. Die Hälfte für die Garnierung zurückbehalten und die andere Hälfte hacken.

GUTER TIPP

Mangos sind reif, wenn sie leichtem Druck nachgeben. Einige Mangosorten sind rotgolden oder gelb überhaucht, wenn sie reif sind.

2 Eigelbe, Zucker, Maisstärke und 30 ml Milch in einer kleinen Schale glatt rühren.

3 Einen kleinen Topf mit kaltem Wasser ausschwenken, um ein Ansetzen der Milch zu verhindern. Rest der Milch zum Kochen bringen, über die Zutaten in der Schüssel geben und verrühren.

4 Mischung durch ein Sieb in den Topf zurückgießen, unter Rühren zum Köcheln bringen und eindicken lassen.

5 Die Creme in den Mixer geben und mit der gehackten Mango glatt mixen. Anschließend abkühlen lassen.

6 350 g Himbeeren in einen Topf geben. Zucker zugeben, bei schwacher Hitze erhitzen und 5 Minuten köcheln lassen. Früchte durch ein feines Sieb streichen, um die Kerne zu entfernen. Abkühlen lassen.

7 Himbeersauce und Mangocreme nebeneinander auf vier Teller gießen. Zurückbehaltene Mango aufschneiden und aufgefächert oder in einem Muster auf die Himbeersauce geben. Übrige Himbeeren über der Mangocreme verstreuen. Jeden Teller mit zwei Minzezweigen garnieren und servieren.

Eisige Ananas mit Erdbeeren und Litschis

Die süßen, tropischen Aromen von Ananas und Litschis harmonieren in diesem erfrischenden Obstsalat mit den duftenden Erdbeeren.

ZUTATEN

Für 4 Personen

2 kleine Ananas

450 g Erdbeeren

400 g-Dose Litschis

3 EL Kirschwasser oder weißer Rum

2 EL Puderzucker

1 Blattkronen der Ananas abdrehen und als Dekoration aufbewahren.

2 Die Ananas mit einem großen Messer der Länge nach halbieren.

3 Das Fruchtfleisch mit einem kleinen Sägemesser auslösen, so dass die Halbschalen intakt bleiben. Das Fruchtfleisch würfeln und die Schalen aufbewahren.

4 Die Erdbeeren putzen und behutsam mit Ananas und Litschis vermengen, ohne dabei die Früchte zu beschädigen.

5 Kirschwasser oder Rum mit Puderzucker verrühren, über die Früchte geben und 45 Minuten ins Gefrierfach stellen.

6 Früchte in die Ananasschalen füllen, mit Ananasblättern dekorieren und servieren.

GUTER TIPP

Bei einer reifen Ananas lassen sich die Blätter relativ leicht herauszupfen, außerdem fühlt sie sich noch fest an und hat einen süßen, vollen Duft. Frost im Winter kann das Fleisch schwarz werden lassen.

Muskateller-Frappé

Selten kommen Aroma und Duft der Muskatellertraube besser zur Geltung als in dieser raffinierten, eisigen Dessertkreation. Wegen des Alkohols ist diese Köstlichkeit nicht für Kinder geeignet.

ZUTATEN

Für 4 Personen

½ Flasche Muskatellerwein (Beaumes de Venise, Frontignan oder Rivesaltes)

450 g Muskatellertrauben

1 Wein in ein stählernes oder emailliertes Backblech gießen, 150 ml Wasser dazugeben und 3 Stunden ins Gefrierfach stellen, bis der Wein vollständig fest geworden ist.

2 Trauben mit einer Pinzette entkernen und nach Wunsch schälen. Wein mit dem Löffel zu einem feinen Eisfrappé abschaben. Trauben mit dem Eis vermischen, auf vier Glasschalen verteilen und servieren.

Grapefruitsalat mit Campari und Orange

Der bittersüße Campari passt besonders gut zu Zitrusfrüchten wie Grapefruit und Orange. Wegen des Alkoholgehalts ist dieser Salat nicht für Kinder geeignet.

ZUTATEN

Für 4 Personen

3 EL Zucker

4 EL Campari

2 EL Zitronensaft

4 Grapefruits

5 Orangen

4 frische Minzezweige, zum Garnieren

1 150 ml Wasser in einem kleinen Topf zum Kochen bringen, Zucker zugeben und unter Köcheln auflösen. In eine Schüssel umfüllen und abkühlen lassen, dann Campari und Zitronensaft zugeben. Bis zum Servieren kalt stellen.

2 Grapefruits und Orangen mit einem Sägemesser schälen. Früchte mit einem kleinen Schälmesser über einer Schale filetieren. Mit dem Camparisirup vermischen und kalt stellen.

3 Salat auf vier tiefe Teller verteilen, mit einem Minzezweig garnieren und servieren.

GUTER TIPP

Achten Sie beim Kauf von Zitrusfrüchten auf leuchtend gefärbte Sorten, die schwer in der Hand liegen – sie haben die beste Qualität.

Erdbeertraum

Erdbeeren setzen ihr bestes Aroma frei, wenn sie mit einer Sauce aus frischen Himbeeren und köstlicher Passionsfrucht zusammentreffen.

ZUTATEN

Für 4 Personen

350 g Himbeeren, frisch oder tiefgefroren

3 EL Zucker

1 Passionsfrucht

675 g kleine Erdbeeren

8 Löffelbiskuits, zum Servieren

1 Himbeeren und Zucker 5 Minuten in einem Topf bei schwacher Hitze weich köcheln lassen, um den Saft freizusetzen. Dann abkühlen lassen.

2 Passionsfrucht halbieren und das Fruchtfleisch mit einem Löffel auslösen.

3 Die Himbeeren mit der Passionsfrucht in den Mixer geben und glatt mixen.

4 Die Fruchtsauce durch ein feines Sieb streichen, um die Kerne zu entfernen.

5 Erdbeeren in die Sauce rühren und auf vier Glasschalen verteilen. Anschließend mit den Löffelbiskuits servieren.

Melonensalat mit Walderdbeeren

Eisgekühlte Melone ist eine Krönung für jedes Essen. Hier finden verschiedene Melonensorten mit kräftigen Walderdbeeren zusammen. Ersatzweise kann man auch Kulturerdbeeren oder Himbeeren nehmen.

ZUTATEN

Für 4 Personen

1 Netz- oder Charentaismelone
1 Galia-Melone
900 g Wassermelone
175 g Walderdbeeren
4 frische Minzezweige, zum Garnieren

1 Alle Melonen mit einem großen Messer halbieren.

2 Netz- und Galia-Melonen mit einem Löffel entkernen.

3 Aus allen drei Melonen mit einem Kugelausstecher so viel Fruchtfleisch wie möglich herauslösen. In einer großen Schüssel vermengen und kalt stellen.

4 Die Walderdbeeren hinzufügen und auf vier Obstschalen verteilen.

5 Mit frischen Minzezweigen garnieren und anschließend servieren.

Obst-Kebabs mit Mango-Joghurt-Sauce

Tauchen Sie die Obst-Kebabs in die erfrischend minzige Mango-Joghurt-Sauce.

ZUTATEN

Für 4 Personen

½ Ananas, geschält, entkernt und gewürfelt
2 Kiwis, geschält und gewürfelt
150 g Erdbeeren, geputzt und je nach Größe halbiert
½ Mango, geschält, entkernt und gewürfelt

Für die Sauce

120 ml frisches Mangopüree aus 1–1½ geschälten und entkernten Mangos
120 g dickflüssiger Joghurt
1 TL Zucker
einige Tropfen Vanillearoma
1 EL fein gehackte frische Minzeblätter
1 frischer Minzezweig, zum Garnieren

1 Mangopüree, Joghurt, Zucker und Vanillearoma mit einem elektrischen Handrührgerät verschlagen.

2 Gehackte Minze einrühren. Sauce abdecken und bis zum Servieren kalt stellen.

3 Ananas, Kiwis, Erdbeeren und Mango abwechselnd auf 12 Holzspieße à 15 cm Länge fädeln.

4 Mango-Joghurt-Sauce in eine dekorative Schale füllen, mit einem Minzezweig garnieren und in die Mitte eines großen Glastellers stellen. Obst-Kebabs rundherum anrichten und servieren.

Tropische Früchte in Zimtsirup

Die glänzenden Früchte für diesen Salat werden am besten einen Tag im Voraus zubereitet, damit sich die Aromen entfalten und mischen können.

ZUTATEN

Für 6 Personen

450 g Zucker
1 Zimtstange
1 große oder 2 mittelgroße Papayas (etwa 675 g), geschält, entkernt und längs in dünne Stücke geschnitten
1 große oder 2 mittelgroße Mangos (etwa 675 g), geschält, entkernt und längs in dünne Stücke geschnitten
1 große oder 2 mittelgroße Sternfrüchte (etwa 225 g), in dünne Scheiben geschnitten

1 Ein Drittel des Zuckers in einen großen Topf streuen. Die Zimtstange und die Hälfte von den Papaya-, Mango- und Sternfruchtstücken hinein geben.

2 Die Hälfte des restlichen Zuckers über das Obst im Topf streuen. Übriges Obst dazugeben und mit dem restlichen Zucker bestreuen.

3 Den Topf abdecken und das Obst 35–45 Minuten bei mittlerer Hitze kochen, bis sich der Zucker vollständig aufgelöst hat. Topf gelegentlich rütteln, aber das Obst nicht umrühren, weil die Früchte sonst zusammenfallen.

4 Deckel abnehmen und etwa 10 Minuten köcheln lassen, bis die Früchte transparent wirken. Den Topf vom Herd nehmen und abkühlen lassen. Die Zimtstange herausnehmen.

5 Früchte und Sirup in eine Schüssel umfüllen, abdecken und über Nacht kalt stellen.

Bananen mit Mascarpone

Wenn Sie ein Fan von kalter Bananencreme sind, werden Sie dieses Rezept lieben – es ist eine Abwandlung. Niemand wird darauf kommen, dass das Geheimnis in der fertig gekauften Vanillecreme liegt.

ZUTATEN

Für 4–6 Personen

250 g Mascarpone
300 g fertig gekaufte Vanillecreme
150 g griechischer Joghurt
4 Bananen
Saft von 1 Limette
50 g Pekannüsse, grob gehackt
120 ml Ahornsirup

1 Mascarpone, Creme und Joghurt in einer großen Schüssel glatt schlagen. Diese Mischung kann einige Stunden im Voraus zubereitet werden. Abdecken und kalt stellen. Vor der Verwendung durchrühren.

2 Bananen in Scheiben schneiden und in eine separate Schüssel geben. Mit Limettensaft übergießen und durchheben, um die Scheiben mit Saft zu bedecken.

3 Die Hälfte der Creme auf vier bis sechs Dessertgläser verteilen und jede Portion mit einem großzügigen Löffel Bananenmischung belegen.

4 Übrige Creme darüber geben und mit dem Rest der Bananen belegen. Mit Nüssen bestreuen. Dann mit Ahornsirup besprenkeln und vor dem Servieren 30 Minuten kalt stellen.

Bananen mit Limette und Kardamom

Bananen und Kardamom scheinen wie füreinander geschaffen und machen dieses köstliche Dessert zu einem Hochgenuss.

ZUTATEN

Für 4 Personen

6 kleine Bananen
50 g Butter
Kerne von 4 Kardamomkapseln, zerdrückt
50 g Mandelblättchen
dünn abgeriebene Schale von 2 Limetten
50 g Muskovade (unraffinierter Rohrzucker)
2 EL brauner Rum
Vanilleeiscreme, zum Servieren

1 Bananen schälen und längs halbieren. Die Hälfte der Butter in einer großen Pfanne erhitzen. Hälfte der Bananen hinein geben und unten goldgelb bräunen. Vorsichtig mit einem Pfannenwender wenden und braten, bis sie rundum goldgelb sind.

2 Gebratene Bananen in eine feuerfeste Form geben. Die andere Hälfte der Bananen anbraten.

3 Restliche Butter zerlassen und Kardamomsamen und Mandelblättchen anrösten, bis die Mandeln goldgelb sind.

4 Limettenschale und -saft, dann den Zucker einrühren. Unter Rühren kochen, bis die Mischung leicht einreduziert ist. Den Rum einrühren. Sauce über die Bananen gießen und sofort an Vanilleeiscreme servieren.

Melonentrio mit Ingwerbiskuits

Das eigentlich Attraktive dieses Desserts sind die unterschiedlichen Farben der drei Melonensorten, während die Biskuits den knusprigen Kontrast ausmachen.

ZUTATEN

Für 4 Personen

- ¼ Wassermelone
- ½ Honigmelone
- ½ Charentaismelone
- 4 EL Ingwersirup

Für die Biskuits

- 2 EL Butter
- 2 EL Zucker
- 1 TL klarer Honig
- 25 g Mehl
- 25 g gemischte kandierte Früchte, fein gehackt
- 1 Stück Stängel-Ingwer in Sirup, abgetropft und fein gehackt
- 2 EL Mandelblättchen

1 Die Melonen entkernen, in Spalten schneiden und schälen. Fruchtfleisch würfeln und in einer Schüssel mischen. Mit Ingwersirup durchheben, abdecken und bis zum Servieren kalt stellen.

2 In der Zwischenzeit die Biskuits zubereiten. Backofen auf 180 °C (Gasherd: Stufe 4) vorheizen. Butter, Zucker und Honig in einem Topf verflüssigen. Vom Herd nehmen und die übrigen Zutaten einrühren.

3 Ein Backblech mit Backpapier auslegen. Vier Löffel der Mischung mit großen Abständen auf das Backpapier geben. Die Mischung leicht rund ausstreichen und 15 Minuten goldgelb backen.

4 Biskuits 1 Minute auf dem Blech abkühlen lassen, dann einzeln mit einem Pfannenwender anheben und zum Abkühlen und Aushärten auf eine Teigrolle legen. Mit der übrigen Ingwermischung wiederholen, so dass acht Biskuits entstehen.

5 Melonenstücke mit Sirup und den Ingwerbiskuits servieren.

GUTER TIPP

Noch appetitlicher wird es, wenn man die Melonen mit einem großen Kugelausstecher formt.

Obst-Trifle »Jamaika«

Dieser Trifle basiert auf einer jamaikanischen Fruchtcremespeise mit dicker Vanillecreme. Diese wesentlich weniger reichhaltige Version stellt das Gleichgewicht mit reichlich Obst und Crème fraîche her.

ZUTATEN

Für 8 Personen

1 große süße Ananas (etwa 350 g), geschält und entkernt
300 ml Rahm
200 ml Crème fraîche
4 EL Puderzucker, gesiebt
2 TL Vanillearoma
2 EL weißer oder Kokosrum
3 Papayas, geschält, entkernt und gehackt
3 Mangos, geschält, entkernt und gehackt
dünn abgehobelte Schale und Saft von 1 Limette
25 g Mandelsplitter oder -flocken, geröstet

1 Ananas in große Stücke schneiden und kurz im Mixer hacken. In ein Sieb über einer Schale geben und 5 Minuten abtropfen lassen, damit möglichst viel Saft abläuft.

2 Rahm kurz steif schlagen, dann Crème fraîche, Puderzucker, Vanillearoma und Rum leicht aber gründlich unterziehen.

3 Abgetropfte Ananas unter die Rahmmischung ziehen. Papayas und Mangos in eine große Schüssel geben und mit Limettensaft übergießen. Vorsichtig durchheben. Abgehobelte Limettenschale in Streifen schneiden und in die Schüssel geben.

4 Fruchtmischung und Ananascreme auf acht Dessertteller verteilen. Mit Limettenstreifen, gerösteten Mandeln und einigen kleinen Ananasblättern garnieren und sofort servieren.

GUTER TIPP

Wichtig ist, das Ananaspüree gründlich abtropfen zu lassen, da die Creme sonst zu wässrig wird. Schütten Sie den Saft nicht weg – mischen Sie ihn mit Mineralwasser zu einem Erfrischungsgetränk.

Tropisches Fruchtgratin

Dieses außergewöhnliche Fruchtgratin ist wirklich etwas für Gourmets. Eine bunte Obstkombination wird mit einer einfachen Zabbaione bedeckt und dann kurz unter den Grill geschoben.

ZUTATEN

Für 4 Personen

2 Tamarillos
½ Ananas
1 reife Mango
175 g Brombeeren
120 ml moussierender Weißwein
115 g Zucker
6 Eigelb

1 Tamarillos längs halbieren und in dicke Scheiben schneiden. Ananas schälen und entkernen, dann die Außenseite spiralförmig abschälen, um Augen zu entfernen. Das Fruchtfleisch würfeln. Mango schälen, halbieren und beiderseits des Kerns in Scheiben schneiden.

2 Früchte einschließlich der Brombeeren auf vier 14 cm große Gratinformen verteilen und auf einem Backblech auf die Seite stellen. Wein und Zucker in einem Topf erhitzen, bis sich der Zucker aufgelöst hat. Aufkochen und 5 Minuten kochen lassen.

3 Eigelbe in eine große, feuerfeste Schüssel geben. Schüssel über einen Topf mit köchelndem Wasser setzen; Eigelb blass schlagen. Langsam unter ständigem Schlagen heißen Sirup angießen, bis die Mischung andickt. Grill vorheizen.

4 Mischung über die Früchte geben. Backblech mit den Formen unter den Grill schieben, bis der Belag goldgelb ist. Heiß servieren.

Gegrillte Ananas mit Papayasauce

Die Ananas entwickelt beim Grillen ein köstliches Aroma und wird durch die Papayasauce zum Hochgenuss.

ZUTATEN

Für 6 Personen

1 Ananas
zerlassene Butter, zum Einfetten und Bestreichen
2 Stücke Stängel-Ingwer in Sirup, abgetropft und in dünne Stifte geschnitten, und 2 EL Ingwersirup
2 EL Demerarazucker
eine Prise Zimtpulver
frische Minzezweige, zum Garnieren

Für die Sauce

1 reife Papaya, geschält und entkernt
175 ml Apfelsaft

1 Ananas schälen und Augen entfernen. Quer in sechs 2,5 cm dicke Scheiben schneiden. Ein Backblech mit Alufolie auslegen und die Kanten zu einem Rand aufrollen. Die Folie mit zerlassener Butter einfetten. Grill vorheizen.

2 Ananasscheiben auf dem Backblech auslegen. Mit Butter bestreichen und mit Ingwerstiften, Zucker und Zimt bedecken. Mit Sirup beträufeln. 5–7 Minuten grillen, bis die Scheiben goldgelb und leicht angebräunt sind.

3 In der Zwischenzeit die Sauce zubereiten. Einige Scheiben von der Papaya abschneiden und auf die Seite stellen. Den Rest mit dem Apfelsaft im Mixer pürieren.

4 Püree durch ein Sieb in eine Schüssel streichen. Den Saft vom Grillen der Ananas einrühren. Ananasscheiben mit Papayascheiben und Minzezweigen garniert auf einem dünnen Saucenspiegel servieren.

Zitrusfrucht-Flambé

Ein Fruchtflambé ist der krönende Abschluss eines gelungenen Mahls. Der Belag aus knusprigen Pistazien ist hier das Tüpfelchen auf dem i.

ZUTATEN

Für 4 Personen

4 Orangen
2 rote Grapefruits
2 Limetten
50 g Butter
50 g Muskovade (unraffinierter Rohrzucker)
3 EL Cointreau
frische Minzezweige, zum Garnieren

Für die gebrannten Pistazien

Öl, zum Einfetten
115 g Zucker
50 g Pistazien

1 Zunächst die Pistazien zubereiten. Ein Backblech leicht mit Öl einfetten. Zucker und Pistazien in einen kleinen, schweren Topf geben und langsam unter gelegentlichem Schwenken kochen, bis der Zucker geschmolzen ist.

2 Bei schwacher Hitze kochen, bis die Pistazien aufspringen und der Zucker eine dunkelgold wird. Auf das eingefettete Backblech gießen und zum Abkühlen beiseite stellen. Mit einem scharfen Messer in grobe Stücke hacken.

3 Die Zitrusfrüchte gründlich schälen. Nacheinander mit einem scharfen Messer über einer Schüssel filetieren, so dass die Filets mit dem Saft in die Schüssel fallen.

4 Butter und Muskovade in einer schweren Pfanne erhitzen, bis der Zucker schmilzt und die Mischung goldgelb ist. Zitrussäfte in die Pfanne geben und unter gelegentlichem Rühren kochen, bis der Saft eine sirupartige Konsistenz annimmt.

5 Fruchtfilets zugeben und ohne zu rühren durchwärmen. Mit Cointreau übergießen und entzünden. Wenn die Flammen erlöschen, auf Salatschalen verteilen. Mit gebrannten Pistazien bestreuen und mit Minzezweigen garnieren.

Exotischer Fruchtsalat

Passionsfrucht ist ein gutes Dressing für jedes Obst und bringt besonders gut die Aromen exotischer Früchte zur Geltung. Das Rezept kann verdoppelt und am nächsten Tag zum Frühstück serviert werden.

ZUTATEN

Für 6 Personen

1 Mango / 1 Papaya
2 Kiwis
Kokos- oder Vanilleeiscreme, zum Servieren

Für das Dressing

3 Passionsfrüchte
dünn abgehobelte Schale und Saft von 1 Limette
1 TL Haselnuss- oder Walnussöl
1 EL klarer Honig

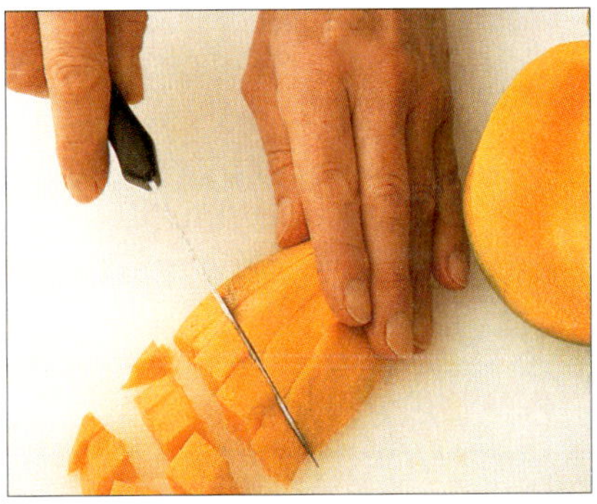

1 Mango schälen, in drei Scheiben schneiden, würfeln und in eine große Schüssel geben. Papaya schälen und halbieren. Die Kerne auslösen und das Fruchtfleisch klein schneiden.

2 Beide Enden jeder Kiwi abschneiden und die Kiwis auf ein Brett stellen. Mit einem kleinen scharfen Messer schälen. Längs halbieren, dann in dicke Scheiben schneiden. Alle Früchte in einer großen Schüssel mischen.

3 Passionsfrüchte für das Dressing halbieren und Kerne mit einem Löffel in ein Sieb über einer Schüssel auslösen. Kerne gut ausdrücken, um den ganzen Saft zu gewinnen. Die übrigen Zutaten in den Passionsfruchtsaft einrühren, dann Dressing über die Früchte geben. Vorsichtig durchheben. 1 Stunde kalt stellen, dann mit Kugeln von Kokos- oder Vanilleeiscreme servieren.

GUTER TIPP

Für dieses Dressing eignet sich besonders ein klarer, goldener Orangen- oder Akazienblütenhonig.

Register

Ananas, 12, 23
Asia-Nudeln mit Ananas, Ingwer und Chilies, 132
Eisige Ananas mit Erdbeeren und Litschis, 238
Fruchtiger Reissalat, 120
Gegrillte Ananas mit Papayasauce, 250
Pikanter Schinken-Ananas-Salat, 170
Thailändischer Obst- und Gemüsesalat, 68
Äpfel, 10, 18
Apfel-Sellerie-Salat, 48
Chicorée-Obst-Salat mit Nüssen, 50
Feigen-Apfelsalat mit Dattel, 233
Krautsalat mit Apfel, 54
Radieschen-Mango-Apfel-Salat, 62
Waldorfsalat mit Schinken, 161
Apfel-Sellerie-Salat, 48
Bohnen-Sellerie-Salat, 116
Aprikosen, 10, 19
Aromatischer Fischsalat, 190
Artischocken: Artischocken-Eier-Salat, 99
Garnelen-Artischocken-Salat, 136
Süß-saurer Artischockensalat, 77
Asiatische Nudeln: Asia-Nudeln mit Ananas, Ingwer und Chilis, 132
Eiernudelsalat mit Sesam-Hühnchen, 148
Garnelen-Nudelsalat mit Kräutern, 147
Nudelsalat mit Räucherforelle, 134
Nudelsalat mit Sesamente, 212
Salat mit Schweinefleisch und Reisvermicelli, 163
Thailändischer Nudelsalat, 146
Auberginensalat mit Zitrone und Kapern, 52
Augenbohnen: Bohnensalat mit geräuchertem Schinken, 115
Avocado-Krebs-Salat mit Koriander, 144
Avocados, 8
Avocado-Krebs-Salat mit Koriander, 144
Avocado-Tomaten-Mozzarella-Salat, 174
Avocadosalat mit Räucherfisch, 93
Garnelen-Avocado-Zitrus-Salat, 188
Guacamole Salsa im Salatkorb, 67
Nudelsalat mit Oliven und Avocado, 180
Prosciuttosalat mit Avocadofächer, 213
Salat mit Eiern, Speck und Avocado, 102
Spinat-Avocado-Salat, 61

Baisers: Blaubeer-Orangen-Salat mit Lavendel, 232
Brombeersalat mit Rosen-Granita, 234
Bananen
Bananen mit Limette und Kardamom, 246
Bananen mit Mascarpone, 246
Salat von grünen Bananen, 105
Basilikum, 14
Basilikum-Chili-Öl, 19
Basilikum-Zitronen-Majonäse, 26
Birnen, 12, 22
Birnensalat mit Pekannüssen, 171
Raukesalat mit Birnen und Parmesan, 72
Blattsalat, 14f.
Blattsalat mit Kräutern, 32
Blaubeeren, 10
Blaubeer-Orangen-Salat mit Lavendel, 232
Blauschimmelkäse-Schnittlauch-Dressing, 25
Blumengartensalat, 60
Blumenkohl: Salat aus Wintergemüse, 92
Bohnen-Sellerie-Salat, 116
Bohnen: Bohnen-Sellerie-Salat, 116
Bohnensalat mit geräuchertem Schinken, 115
Nussiger Salat, 40
Pfeffriger Bohnensalat, 114

Thunfischsalat »Toskana« mit Bohnen, 71
Bohnenquark *siehe* Tofu
Bohnensalat mit geräuchertem Schinken, 115
Bohnensprossen-Daikon-Salat, 57
Bohnensprossen: Bohnensprossen-Daikon-Salat, 57
Tofu-Gurken-Salat, 104
Thailändischer Obst- und Gemüsesalat, 68
Bressehuhnsalat mit Knoblauchbrot, 150
Brombeeren, 10
Brombeersalat mit Rosen-Granita, 234
Brot: Bressehuhnsalat mit Knoblauchbrot, 150
Croûtons, 84
Knoblauchcroûtons, 126
Panzanella, 100
Tomaten-Brot-Salat, 94
Brunnenkresse, 15
Buchweizennudeln mit Räucherlachs, 132
Bulgur: Bulgursalat, 119
Bulgur-Salat mit Fenchel und Granatäpfeln, 122
Orangen-Bulgur-Salat, 122

Cäsar-Salat, 36
Cashewkerne: Chicorée-Obst-Salat mit Nüssen, 50
Nussiger Salat, 40
Chicorée: Chicorée-Obst-Salat mit Nüssen, 50
Chicoréesalat mit Roquefort, 188
Chinakohl, 15
Cranberries, 12
Crème-Fraîche-Dressing mit Frühlingszwiebeln, 27
Croûtons, 84
Knoblauchcroûtons, 126
Cucumber, 10
Marinierter Gurkensalat, 59
Paprika-Gurken-Salat, 66
Tofu-Gurken-Salat, 104
Tomaten-Gurken-Salat, 30
Zatziki, 58
Curryhühnchen-Salat, 159
Currypaste, 17
Curryhühnchen-Salat, 159
Krabbensalat mit Curry-Dressing, 138
Krönungssalat, 107
Salat mit Schweinefleisch und Reisvermicelli, 163

Datteln, 10, 19
Feigen-Apfelsalat mit Dattel, 233
Dicke Bohnen: Grüner Grünsalat, 89
Süß-saurer Artischockensalat, 77
Warmer Bohnensalat mit Fetakäse, 80
Dill-Zitronen-Öl, 23
Dips, 27
Dreifarbiger Salat, 70
Dressings, 24–27

Eichblattsalat, 14
Eier: Artischocken-Eier-Salat, 99
Hart gekochte Eier mit Thunfischsauce, 98
Kartoffelsalat mit Ei und Zitronendressing, 111
Krönungssalat, 107
Lauch-Eier-Salat, 90
Pochierte Eier mit Croûtons, 84
Salat mit Eiern, Speck und Avocado, 102
Schweinefleischsalat mit Ei und Roter Bete, 164
Eiernudelsalat mit Sesam-Hühnchen, 148
Einfacher warmer Salat, 76
Eiscreme, Italienischer Obstsalat mit -, 226
Endiviensalat mit geröstetem Speck, 96
Ente: Entensalat mit Orangensauce, 210
Nudelsalat mit Entenbrust, 208
Nudelsalat mit Sesamente, 212
Erbsen: Süß-saurer Artischockensalat, 77
Erdbeeren, 12
Angemachte Erdbeeren, 242
Eisige Ananas mit Erdbeeren und Litschis, 238
Melonen-Erdbeer-Salat, 231
Melonensalat mit Walderdbeeren, 243
Erdnüsse: Gado Gado, 186
Eskarol, 12
Essige, 18f.
Estragonessig, 19
Exotischer Fruchtsalat, 253
Exotischer Obstsalat, 230

Feigen, 10
Feigen-Apfelsalat mit Dattel, 233
Ziegenkäse-Feigensalat, 172
Feldsalat, 15
Fenchel, 8
Fenchel-Krautsalat, 56
Fenchel-Rauke-Salat mit Orangen, 52
Gemischter Meeresfrüchtesalat, 142
Fruchtiger Reissalat, 120
Frühlingszwiebeln, 10, 21

Gado Gado, 186
Garnelen *siehe* Krabben
Gemischter grüner Salat, 48
Gemischter Meeresfrüchtesalat, 142
Gemüse, 10
Genueser Kalmarsalat, 196
Geräucherte Forelle: Nudelsalat mit Räucherforelle, 134
Salat mit Räucherforelle und Meerrettich, 135
Geräucherte Makrele: Avocadosalat mit Räucherfisch, 93
Geräucherter Lachs: Buchweizennudeln mit -, 132
Salat von geräuchertem Lachs mit Dill, 188
Gewürze, 15
Ghanaischer Krabbensalat, 137
Granatapfel, Bulgur-Salat mit Fenchel und -, 122
Granita, Rosen, 234
Grapefruit, 12
Grapefruitsalat mit Campari und Orange, 241
Melonen-Grapefruit-Cocktail mit Minze, 33
Melonen-Ingwer-Grapefruit-Salat, 227
Griechischer Joghurt-Senf-Dip, 27
Griechischer Salat, 43
Grüne Bohnen: Grüne-Bohnen-Salat, 106

Grüne Bohnen und rote Paprika, 88
Marokkanischer Thunfischsalat, 128
Nudelsalat mit Speck und grünen Bohnen, 168
Salat Niçoise, 126
Tomatensalat mit Bohnen und Bohnenkraut, 78
»Grüner Grünsalat«, 89
Grüner Salat, gemischt, 48
Guacamole-Salsa im Salatkorb, 67

Halloumi-Trauben-Salat, 80
Himbeeren, 12
Angemachte Himbeeren, 242
Himbeeren mit Mangocreme, 236
Hühnchen: Bressehuhnsalat mit Knoblauchbrot, 150
Chicken Maryland-Salat, 156
Curryhühnchen-Salat, 159
Eiernudelsalat mit Sesam-Hühnchen, 148
Hühnchensalat mit Lavendel, 204
Hühnchensalat mit Zunge und Gruyère, 158
Nudelsalat mit Hühnchen, 149
Pikanter Hühnchensalat, 154
Salat mit Backhühnchen und Walnüssen, 201
Salat mit Dijon-Hühnchen, 206
Warmer Hühnchensalat, 152
siehe auch Leber
Hühnchensalat mit Zunge und Gruyère, 158
Hummersalat, Millionärssalat, 194

Italienischer Obstsalat mit Eiscreme, 226

Jakobsmuscheln: Gemischter Meeresfrüchtesalat, 142
Jamaikanischer Obst-Trifle, 249
Joghurt: Griechischer Joghurt-Senf-Dip, 27
Joghurtdressing, 25
Pikantes Joghurt-Dressing, 27
Zatziki, 58
Johannisbeeren, 18
Juliennestreifen, 21

Kaisergranate: San-Francisco-Salat, 192
Kalmarsalat, Genueser, 196
Kapern, 18
Auberginensalat mit Zitrone und Kapern, 52
Spanischer Salat mit Kapern und Oliven, 44
Karotten, 10
Karotten-Orangen-Salat, 46
Karotten-Petersilie-Salat, 30
Krautsalat mit Karotten, Rosinen und Aprikosen, 55
Süßkartoffel-Karotten-Salat, 108
Zucchini-Karotten-Salat mit Pekannüssen, 178
Kartoffeln, 10
Avocado-Krebs-Salat mit Koriander, 144
Genueser Kalmarsalat, 196
Kartoffelsalat mit Ei und Zitronendressing, 111
Kartoffelsalat mit Knoblauchwurst, 113
Kartoffelsalate, 110
Krönungssalat, 107
Nudelsalat mit Spargel und Kartoffeln, 177
Pikanter Kartoffelsalat, 112
Salat Niçoise, 126
Salat mit Räucherforelle und Meerrettich, 135
Würstchensalat mit Senfdressing, 166
Käse: Avocado-Tomaten-Mozzarella-Salat, 174
Blauschimmelkäse-Schnittlauch-Dressing, 25
Chicoréesalat mit Roquefort, 188
Dreifarbiger Salat, 70
Halloumi-Trauben-Salat, 80
Hühnchensalat mit Zunge und Gruyère, 158
Klassischer griechischer Salat, 43

Nudelsalat mit Roquefort und Walnüssen, 176
Raukesalat mit Birnen und Parmesan, 72
Raukesalat mit gegrilltem Ziegenkäse, 82
Rockburger-Salat mit Sesamcroûtons, 218
Tomaten-Feta-Salat, 73
Türkischer Salat, 38
Warmer Bohnensalat mit Fetakase, 80
Weichkäse-Schnittlauch-Dip, 27
Ziegenkäse-Feigensalat, 172
Kernöle, 18
Kidneybohnen: Nussiger Salat, 40
Pfeffriger Bohnensalat, 114
Kirschen, 12
Kiwis, 12, 23
Knoblauch, 10
Bressehuhnsalat mit Knoblauchbrot, 150
Knoblauchcroûtons, 126
Spinatsalat mit geröstetem Knoblauch, 47
Kochbananen: Ghanaischer Krabbensalat, 137
Salat von grünen Bananen, 105
Kombinierte Salate, 188
Kopfsalat, 12
Koriander, 16
Rauke-Koriander-Salat, 34
Krabben und Garnelen: Garnelen-Artischocken-Salat, 136
Garnelen-Avocado-Zitrus-Salat, 188
Garnelen-Nudelsalat mit Kräutern, 147
Garnelensalat mit Minze, 140
Ghanaischer Krabbensalat, 137
Krabbencocktail mit Kokos und Papaya, 200
Krabbensalat mit Curry-Dressing, 138
Kräuter, 16
hacken, 21
Kräutermajonäse, 27
Öle und Essige, 19
Kräuter Vinaigrette, 24
Krautsalat: Fenchel-Krautsalat, 56
Krautsalat mit Apfel, 54
Krautsalat mit Karotten, Rosinen, Aprikosen, 55
Krautsalat mit Pesto-Majonäse, 65
Krönungssalat, 107
Kumquats, 12
Kuskus: Kuskus-Salat, 121
Ziegenkäse-Feigensalat, 172

Lachs: Gegrillter Lachs mit Frühlingsgemüse, 130
Lauch: Lauch-Eier-Salat, 90
Salat aus Wintergemüse, 92
Lavendel, 16
Blaubeer-Orangen-Salat mit Lavendel, 232
Hühnchensalat mit Lavendel, 204
Leber: Salat mit Hühnerleber, 202
Salat von Hühnerleber, Speck und Tomaten, 162
Limette, 12, 22
Bananen mit Limette und Kardamom, 246
Linsen: Linsen-Kohl-Salat, 117
Salade Mouclade, 198
Litschis, 12
Eisige Ananas mit Erdbeeren und Litschis, 238
Little-Gem-Salat, 15
Lollo rosso, 14

Mais, 8
Chicken-Maryland-Salat, 156
Pikanter Maissalat, 102
Majonäse, 25
Aïoli, 30
Krautsalat mit Pesto-Majonäse, 65
Mangos, 12, 23
Frisches Obst mit Mango-Coulis, 228
Himbeeren mit Mangocreme, 236
Mango-Tomaten-Zwiebel-Salat, 63
Obst-Kebabs mit Mango-Joghurt-Sauce, 244
Radieschen-Mango-Apfel-Salat, 62
Warmer Fischsalat mit Mangodressing, 129
Marokkanischer Thunfischsalat, 128
Mediterraner Nudelsalat, 182
Mediterranes Kräuteröl, 23
Meerrettich: Salat mit Räucherforelle und Meerrettich, 135
Melone, 12, 23
Melone mit Parmaschinken, 214
Melonen-Erdbeer-Salat, 231
Melonen-Grapefruit-Cocktail mit Minze, 33
Melonensalat mit Walderdbeeren, 243
Melonentrio mit Ingwerbiskuits, 248
Melonen-Ingwer-Grapefruit-Salat, 227
Miesmuscheln: Gemischter Meeresfrüchtesalat, 142
Salade Mouclade, 198
Millionärssalat, Hummersalat, 194
Minze, 16
Garnelensalat mit Minze, 140
Melonen-Grapefruit-Cocktail mit Minze, 33
Muskateller-Frappé, 240

Nektarinen, 12, 23
Nudelformen: Mediterraner Nudelsalat, 182
Nudelsalat mit Roquefort und Walnüssen, 176
Nudelsalat mit Spargel und Kartoffeln, 177
Nudelsalat mit Hühnchen, 149
Nudelsalat mit Oliven und Avocado, 180
Nudelsalat mit Speck und grünen Bohnen, 168
Nudelsalat mit Paprika und Pilzen, 181
Nudelsalat mit Speck und grünen Bohnen, 168
Nudelsalat mit Roquefort und Walnüssen, 176
Nudelsalat mit Sesamente, 212
Nussiger Salat, 40
Nussöle, 20

Obst, 12, 22f.
Chicorée-Obst-Salat mit Nüssen, 50
Exotischer Fruchtsalat, 253
Exotischer Obstsalat, 230
Frischer Obstsalat, 222
Frisches Obst mit Mango-Coulis, 228
Italienischer Obstsalat mit Eiscreme, 226
Jamaikanischer Obst-Trifle, 249
Kühler grüner Obstsalat, 224
Obst-Kebabs mit Mango-Joghurt-Sauce, 244

Obstsalat mit Trockenfrüchten, 222
Thailändischer Obst- und Gemüsesalat, 68
Tropische Früchte in Zimtsirup, 244
Tropischer Obstsalat, 229
Tropisches Fruchtgratin, 250
Winterobstsalat, 225
Zitrusfrucht Flambé, 252
Obstsalat mit Trockenfrüchten, 222
Öle, 18f.
Oliven, 18
Cremiger Olivendip, 27
Nudelsalat mit Oliven und Avocado, 180
Salat in Schwarz und Orange, 34
Spanischer Salat mit Kapern und Oliven, 44
Tapenade, 30
Olivenöl, 18
Orangen, 12
Blaubeer-Orangen-Salat mit Lavendel, 232
Entensalat mit Orangensauce, 210
Fenchel-Rauke-Salat mit Orangen, 52
Grapefruitsalat mit Campari und Orange, 241
Karotten-Orangen-Salat, 46
Orangen-Bulgur-Salat, 122
Orangen-Wasserkastanien-Salat, 64
Orangen-Zwiebel-Salat mit Kümmel, 44
Salat in Schwarz und Orange, 34
Spargel-Orangen-Salat, 97
Zitrusfrucht-Flambé, 252
Orangen-Wasserkastanien-Salat, 64

Panzanella, 100
Papaya, 12, 23
Gegrillte Ananas mit Papayasauce, 250
Krabbencocktail mit Kokos und Papaya, 200
Paprika: Grüne Bohnen und rote Paprika, 88
Nudelsalat mit Paprika und Pilzen, 181
Panzanella, 100
Paprika-Gurken-Salat, 66
Paprika-Tomaten-Salat, 86
Paprikasalat, 94
Parmaschinken *siehe* Schinken
Passata-Meerrettich-Dip, 27
Patissons à la Grecque, 79
Pekannüsse: Birnensalat mit Pekannüssen, 171
Zucchini-Karotten-Salat mit Pekannüssen, 178
Persischer Salat, 38
Pesto: Krautsalat mit Pesto-Majonäse, 65
Pesto-Dip, 27
Petersilie, 16
Karotten-Petersilie-Salat, 30
Pfeffer, 17
Pfeffriger Bohnensalat, 114
Pfirsiche, 12, 23
Pikanter Schinken-Ananas-Salat, 170
Pilze, 10
Champignon-Spinat-Salat, 40
Nudelsalat mit Paprika und Pilzen, 181
Steinpilzsalat, 42
Wildpilzsalat mit Parmaschinken, 215
Platterbsensalat, 118
»Poor Boy«-Steaksalat, 160
Prosciuttosalat mit Avocadofächer, 213

Radicchio, 15
Walnuss-Radicchio-Salat mit Topinambur, 100
Radieschen-Mango-Apfel-Salat, 62
Rauke, 15
Dreifarbiger Salat, 70
Fenchel-Rauke-Salat mit Orangen, 52
Rauke-Koriander-Salat, 34
Raukesalat mit Birnen und Parmesan, 72
Raukesalat mit gegrilltem Ziegenkäse, 82
Reis: Fruchtiger Reissalat, 120
Rhabarber, 10
Rindfleisch: Kräuternudelsalat mit Rindfleisch, 216
»Poor Boy«-Steaksalat, 160

Rockburger-Salat mit Sesamcroûtons, 218
Rockburger-Salat mit Sesamcroûtons, 218
Rohkostsalate, 30
Rohkostteller, 30
Romanasalat, 14
Brombeersalat mit Rosen-Granita, 234
Rotbarsch: Warmer Fischsalat mit Mangodressing, 129
Rote Bete: Schweinefleischsalat mit Ei und Roter Bete, 164
Russischer Salat, 83

Safran, 15
Salade Mouclade, 198
Salade Niçoise, 126
Salat aus Wintergemüse, 92
Salat mit Dijon-Hühnchen, 206
Salsa, Guacamole, 67
San-Francisco-Salat, 192
Schinken: Bohnensalat mit geräuchertem Schinken, 115
Melone mit Parmaschinken, 214
Pikanter Schinken-Ananas-Salat, 170
Waldorfsalat mit Schinken, 161
Warmer Nudelsalat mit grünem Spargel, 169
Wildpilzsalat mit Parmaschinken, 215
Schweinefleisch: Salat mit Schweinefleisch und Reisvermicelli, 163
Schweinefleischsalat mit Ei und Roter Bete, 164
Seebarbe: Aromatischer Fischsalat, 190
Senf, 18
Spanischer Salat mit Kapern und Oliven, 44
Spargel: Nudelsalat mit Spargel und Kartoffeln, 177
Spargel-Orangen-Salat, 97
Warmer Nudelsalat mit grünem Spargel, 169
Speck: Chicken-Maryland-Salat, 156
Endiviensalat mit geröstetem Speck, 96
Nudelsalat mit Speck und grünen Bohnen, 168
Salat mit Eiern, Speck und Avocado, 102
Salat von Hühnerleber, Speck und Tomaten, 162
Spinat: Champignon-Spinat-Salat, 40
Spinat-Avocado-Salat, 61
Spinatsalat mit geröstetem Knoblauch, 47
Steinpilzsalat, 42
Sternfrucht, 12, 19, 23
Süß-saurer Artischockensalat, 77
Süßkartoffeln: Schweinefleischsalat mit Ei und Roter Bete, 164
Süßkartoffel-Karotten-Salat, 108

Tapenade, 30
Techniken, Zutaten vorbereiten, 20–23
Thailändischer Nudelsalat, 146
Thailändischer Obst- und Gemüsesalat, 68
Thousand-Islands-Dressing, 24
Thunfisch: Hart gekochte Eier mit Thunfischsauce, 98
Marokkanischer Thunfischsalat, 128
Mediterraner Nudelsalat, 182
Salat Niçoise, 126
Thunfischcarpaccio, 197
Thunfischsalat »Toskana« mit Bohnen, 71
Thymian, 16
Tofu (Bohnenquark): Gado Gado, 186
Spinat-Avocado-Salat, 61
Tofu-Gurken-Salat, 104
Tomaten, 10, 21
Avocado-Tomaten-Mozzarella-Salat, 174
Dreifarbiger Salat, 70
Mango-Tomaten-Zwiebel-Salat, 63
Panzanella, 100
Paprika-Tomatensalat, 86
Persischer Salat, 38
Salat von Hühnerleber, Speck und Tomaten, 162
Spanischer Salat mit Kapern und Oliven, 44
Tomaten-Brot-Salat, 94
Tomaten-Dip, 27
Tomaten-Feta-Salat, 73
Tomaten-Gurken-Salat, 30
Tomatensalat mit Bohnen und Bohnenkraut, 78
Topinambur: Walnuss-Radicchio-Salat mit Topinambur, 100
Trauben, 10
Halloumi-Trauben-Salat, 80
Muskateller-Frappé, 240
Tropische Früchte in Zimtsirup, 244
Tropisches Fruchtgratin, 250
Türkischer Salat, 38

Vanille: Bananen mit Mascarpone, 246
Vermicelli: Salat mit Schweinefleisch und Reisvermicelli, 163
Vinaigrette, 24

Waldorfsalat mit Schinken, 161
Walnüsse: Nudelsalat mit Roquefort und Walnüssen, 176
Salat mit Backhühnchen und Walnüssen, 201
Walnuss-Radicchio-Salat mit Topinambur, 100
Weißkohl, 20
Fenchel-Krautsalat, 56
Krautsalat mit Apfel, 54
Krautsalat mit Karotten, Rosinen und Aprikosen, 55
Krautsalat mit Pesto-Majonäse, 65
Linsen-Kohl-Salat, 117
Weizenschrot *siehe* Bulgur
Winterobstsalat, 225
Wurst: Kartoffelsalat mit Knoblauchwurst, 113
Würstchensalat mit Senfdressing, 166
Würstchensalat mit Senfdressing, 166
Würzbeigaben, 22
Zatziki, 58
Ziegenkäse: Raukesalat mit gegrilltem Ziegenkäse, 82
Ziegenkäse-Feigensalat, 172
Zitrone, 12, 22
Auberginensalat mit Zitrone und Kapern, 52
Kartoffelsalat mit Ei und Zitronendressing, 111
Zitrusfrüchte, 22
Zucchini, 10
Marinierte Zucchini, 86
Zucchini-Karotten-Salat mit Pekannüssen, 178
Zwiebeln, 10, 20
Mango-Tomaten-Zwiebel-Salat, 63
Orangen-Zwiebel-Salat mit Kümmel, 44